利休と信長

茶の湯でつづる戦国記

Rikyu and Nobunaga

生形貴重

ubukata takashige

教育評論社

一 表千家第七代家元如心斎宗左筆利休遺偈と堀内仙鶴筆による利休絵像（個人蔵）

二　珠光青磁茶碗（個人蔵）

三　長次郎作　黒樂茶碗（個人蔵）

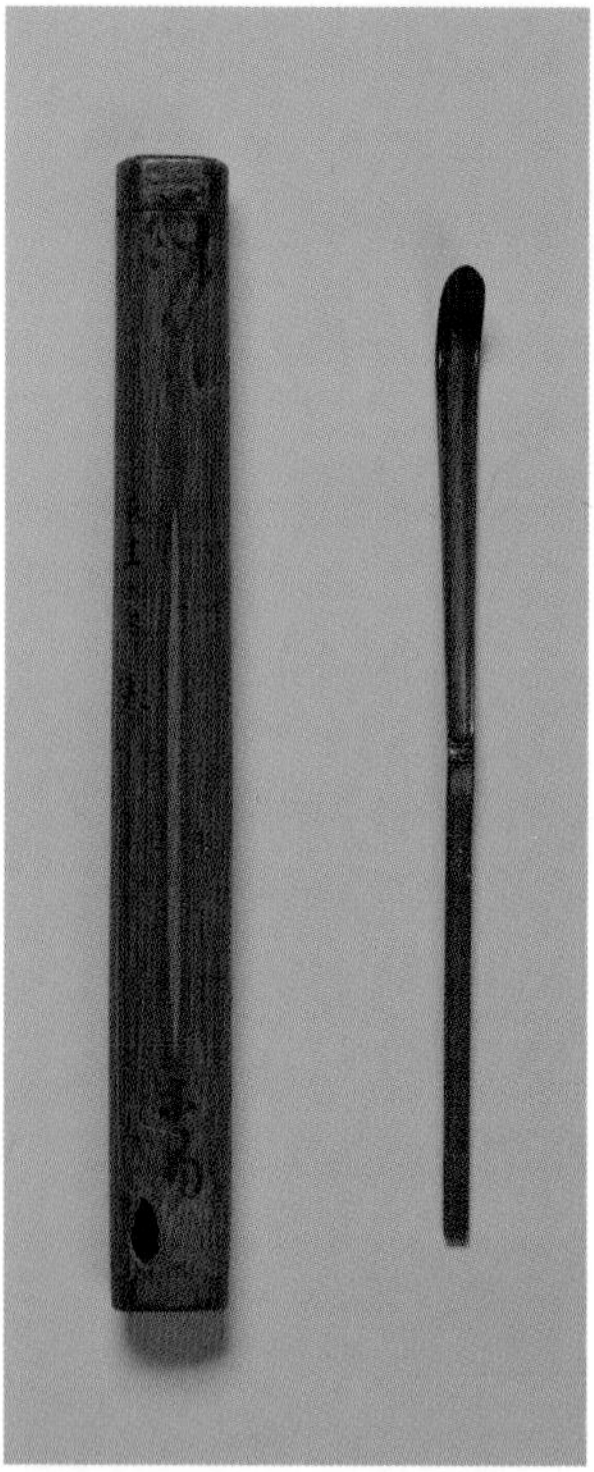

四　利休作　中節茶杓（個人蔵）

利休と信長

茶の湯でつづる戦国記

◎目次

序章　「侘び」と「不足の美」

第一章　利休の登場

第二章　堺と三好一族の茶の湯

第三章　三好一族の興亡と松永久秀

第四章　信長上洛

第五章　戦国大名の文化的背景

装幀＝大倉　真一郎

利休と信長

茶の湯でつづる戦国記

【凡例】

・引用の（　）内は筆者による補足である。

・原典の引用については、読みやすさを考慮して読み下しに直している個所がある。また、適宜句読点、カギ括弧、振り仮名、濁音記号などを付した。

・原典の引用について、漢字は原則として新字体を用い、常用漢字のあるものはそれに改めた。ただし、独自の用法を示すと思われる文字については原本の字体を残した。

・原典にある片仮名表記は、茶会記記事以外は原則として平仮名に改めたが、原典にある振り仮名は、片仮名表記のまま現代仮名遣いに改め、著者による振り仮名と区別した。

序章

「侘び」と「不足の美」

1　利休の侘び茶は「身の丈サイズ」

千利休（大永二〜天正十九／一五二二〜一五九一）の美意識などについては、「侘《わ》び」とか「侘び茶」といった言葉がよく論じられますが、はたして、「侘び」とはどのような意味なのでしょう。哲学的・美学的な考察も多くあるようですが、茶の湯を楽しみながら実践しつつ、その文化を研究する私にとっては、「侘び」あるいは「侘び茶」という言葉は、今まであまりにも抽象的・理念的に考えられすぎたように思えます。

確かに、千利休は、織田信長（天文三〜天正十／一五三四〜一五八二）・豊臣秀吉（天文六〜慶長三／一五三七〜一五九八）の政権下で、文化・政治の両面で天才的な活躍を果たした人物であったために、かれが求めた「侘び」ないしは「侘び茶」についても、崇高・深遠なものに違いないという先入観からか、抽象的・理念的に考えられすぎたようにも思えます。

しかし、利休が指し示した「侘び」については、次のような利休の逸話が端的に、そして具体的に語っていますので、次に紹介しておきましょう。

さる**田舎《イナカ》の侘《ワビ》**、利休へ金子《きんす》一両のぼせて、「何にても、茶湯道具求《もとめ》て給《たま》われ」と也。休、この金にて、残らず白布《はくふ》を買てつかわすとて、「**侘は、何なくても、茶巾だにきれいなれば、**

茶はのめる」とぞいいやりける。(1)

ある田舎に住む「侘び茶人」が、利休に大枚金子一両を届けて、「何でもよいので、茶道具をこの一両で探して、買ってきてください」と言ってきたのでした。

すると、利休は、そのお金でのこらず白布を買って、その男に届けさせたのでした。そして、利休は、次のような名言を添えたのでした。「侘び茶というのは、良い道具など所持していなくとも、茶巾さえ綺麗ならば、茶の湯は飲んで楽しめるものですよ」と。

なんと含蓄のある言葉かと、私は、この逸話に出会った時に感動したものです。

ここで語られている「田舎の侘び」とは、「名物道具を所持していない茶人」のことです。ですから、茶の湯の世界では目利きの名人であった利休に、「何でもいいから、この金で良い道具を買ってください」と依頼したのです。

茶の湯に習熟してきますと、ともすれば「もう少し良い道具を持ちたい」「持つならば、世間からも恥ずかしくない良い道具を揃えたい」という気持ちが湧いてくるものです。現在でも、茶会の席主を担当することになれば、つい見栄《みえ》を張るような心境になって、新しく道具を購入される先生方もおられるくらいです。この「田舎の侘び」も、茶の湯に傾倒するにつれ、名物道具の一つくらいは所持したくなったのでしょう。利休に頼めば、間違いなく良い道具が手に入るに違いない、ともくろんだのでしょう。

ところが、利休は、「侘は、何なくても、茶巾だにきれいなれば、茶はのめる」という厳しい諭《さと》しの言葉に添えて、そのお金で白布だけを買って送り届けたのです。この二度目に出てきた「侘び」は、「侘び茶」という意味で使われています。

ここには、茶の湯とは如何にあるべきかが、あたかも禅問答のように語り尽くされています。茶の湯の本質とは、良い道具を所持して、それを見せびらかすようにするといった世俗的な満足ではなく、「茶巾だにきれいなれば」という精神、すなわち、心を清浄に保って客と向き合うことが大切だ、ということなのでしょう。

そもそも、「侘び」という言葉は、「わぶ」という古語の動詞から来ています。「わぶ」とは、その言葉の原義は、「意のままにならないことを嘆く気持ち」です。ですから、この言葉は、「思い煩う・辛く思う・寂しく思う・心細く過ごす・困る・落ちぶれる・みすぼらしくなる」といった否定的な感情を表す意味になります。

ところが、この否定的な感情を表す言葉の「侘び」が、日本の古典文学、なかでも和歌や連歌の世界で使われる中で、「閑寂な境地を楽しむ」という意味にも転じられて、「侘び」という美意識を表わす言葉を成立させたのです。

ですから、「侘び」というのは、本来思い通りにならないこと、つまり良い道具を揃えられないことへの嘆きを含んでいるのです。そこで、名物道具などの高価な道具を所持しない茶人を「侘び」と呼び、その境涯の中で深みのある境地を生み出す工夫からできた茶の湯を「侘び茶」と呼ぶのです。

いわば、「侘び茶」とは、今風にいえば「身の丈サイズ」の茶の湯といえるのです。見栄を張らず、「見立て」や「掘り出し」といった自らの工夫・眼力で楽しむ茶の湯が「侘び茶」の本質なのです。

右のことは、千利休の愛弟子《まなでし》であった山上宗二《やまのうえのそうじ》（天文十三 一五四四〜天正十八 一五九〇）『山上宗二記』にも、次のように端的に述べられています。

> 古今唐物《ここんからもの》を集め、名物の御厳《おかざ》り全く、数寄人《すきびと》は大名茶湯というなり。また目利《めき》きの茶湯も上手にて、世上数寄の師匠を仕りて身を過《すぐ》る、茶湯者《ちゃのゆしゃ》という。**また、侘び数寄というは一物も持たざる者《もの》、胸の覚悟一つ、作分一つ、手柄一つ、この三ヶ条調《ととの》うる者をいうなり。**また唐物も持ち、目も聞《（利）》き、茶の湯も上手、右の三ヶ条も調《ととの》おり一道に志《こころざし》深ければ名仁《めいじん》というなり（2）。

右の文章は、茶の湯に携わる茶人を、四種類に分類しているものです。まず、古来からの唐物（輸入品）の名物を集めて、その座敷飾りもきちんとできる茶人を「大名茶湯」と呼んでいます。

そして、目利き（道具の鑑定力）で茶の湯も上手で、茶の湯を教えることを生業《なりわい》とする茶人を「茶の湯者」としています。その次に、「侘び数寄」すなわち「侘び茶人」が語られています。

「侘び数寄というは一物も持たざる者、胸の覚悟一つ、作分一つ、手柄一つ、この三ヶ条調《ととの》うる者をいうなり」。つまり、名物道具など一切所持せず、茶の湯への情熱（胸の覚悟）を持ち、工夫や見立ての力（作分）でもって、茶人としての高い評価（手柄）を勝ち得た茶人を「侘び茶人」と呼んでいるのです。

そして、右記のすべて備えた茶人で茶の湯への志を深く持つ者を、山上宗二は、「名仁《めいじん》（名人）」と位置づけているのです。

こうした名物を所持しないまでも、その不足を「胸の覚悟一つ、作分一つ、手柄一つ」で克服した茶の湯に、宗二も「侘び」の本質を見ていたようですが、この考えは、師の利休から学んだものでしょう（図1）。

2　侘び茶は「マイナスの美学」

さて、前節に引用した利休の逸話が収載されている『茶話指月集』という茶書は、千利休の孫で、三千家（表千家・裏千家・武者小路千家）の祖となった千宗旦《そうたん》（天正六～万治元 一五七八～一六五八）が晩年語っていた利休の逸話を、宗旦の弟子の藤村庸軒《ようけん》（慶長十八～元禄十二 一六一三～一六九九 庸軒流の祖）が書き控えていたものを、庸軒の娘婿で宗旦の最晩年の弟子でもあった久須美疎安《くすみそあん》（寛永十三〜享保十三 一六三六〜一七二八）が編集して、元禄十四年（一七〇一）に版行したものです。疎安の序文が元禄十年（一六九七）に書かれていますので、この年には成立していたと思われます。

　宗旦は、利休の侘びを深く理解してましたが、彼が祖父利休と死別したのは十四歳の時で、大徳寺の喝食《かつしき》（禅僧になるための見習い）時代でした。利休の娘婿に当たる宗旦の父、千少庵（天文十五〜慶長十九 一五四六〜一六一四）は、利休の切腹の後、一時会津の蒲生氏郷《がもううじさと》（弘治二〜文禄四 一五五六〜一五九五）のもとに預けられていましたが、文禄三年（一五九四）に許されて京都に戻りました。

　その頃、宗旦は、大徳寺の春屋《しゅんおく》宗園（享禄二〜慶長十六 一五二九〜一六一一）の下で、禅僧として修行を積んでいましたが、翌年の文禄四年（一五九五）に還俗して、豊臣秀吉から利休の茶道具を返還され、父少庵とともに千家の復興を志します。

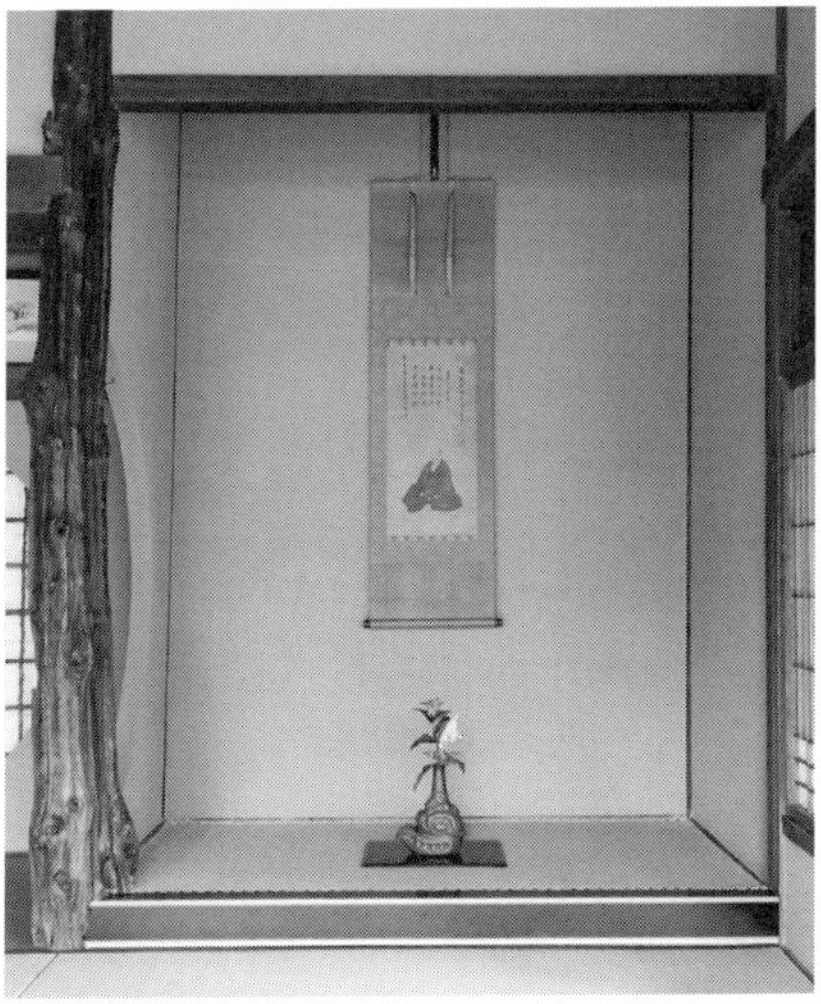

図１　無学和尚賛　宗旦画像とペルー産花入
（仙台朝好会の震災復興茶会にて撮影筆者）

宗旦は、少年時代に祖父利休から大変かわいがられていたようですが、利休の「侘び茶」への深い理解は、父の少庵とともに千家復興を志す時代に、少庵から利休の侘び茶の薫陶を受け、祖父利休の逸話を父少庵から多く聞いていたと思われます。

利休の死後、約百年後に出版された『茶話指月集』ですが、そこに語られている利休の逸話の多くは、常に利休の傍《そば》にいた少庵から宗旦が聞いた話で、少庵から宗旦へ、宗旦から弟子の庸軒へと伝承された逸話だと推定されます。私は、『茶話指月集』の逸話を「千家内伝承」と呼んで、その後の表千家の家元が著した茶書・伝承とともに、利休の「侘び茶」についての貴重な伝承資料と考えています。

少し説明が長くなりましたが、宗旦自身が祖父利休の逸話から「侘び茶」の何たるかを悟れということを教えています。『茶話指月集』の序文には、編者でもある久須美疎安が、宗旦の言葉を次のように記しています。

偶《たまたま》、此《この》道を問《とう》人あれば、答えていわく、「本来、禅によるがゆえに、更に示《シメス》べき道もなし。但《ただ》、わが平生かたり伝う古人の茶話を以《モツテ》指月とせば、おのずから得ることあらん」と。(3)

たまたま茶の湯の道について問う人がいれば、宗旦は答えて次のように言ったということです。「茶の湯は、本来禅から生まれたものであるので、言葉でこうあるべきだと示すことは出来ないのだ。ただし、私が平生語り伝えている古人（この場合は、祖父の利休）の茶話を以て、月を指し示すように目標とすれば、自ずから悟り知ることができるだろう」と。

つまり、ある程度の真実性、あるいは事実性の強い伝承は、「侘び茶」を考える上には、大変重要な資料となるのです。

さて、不足を克服して深い精神的な茶の境地を求める「侘び茶」にとって、真逆なことといえば、不要なものを付け加えることでした。そこで、そうしたことをよく表した利休の逸話も『茶話指月集』に語られていますので、紹介しましょう。やや長い逸話ですので、少し分けて読んでみましょう。

森口という所に、ひとりの侘《ワビ》あり。利休としる人なりければ、「いつぞ茶をたべん」と約す。ある冬のころ、大坂より京へのぼるに、かの侘をこゝろざし、夜ぶかに出て、尋《たずね》たれば、亭主よろこび迎え、休、門に入る。栖居《スマイ》いとわびて、心にかなう。(4)

「森口」という所は、現在も大阪と京都の中間にある守口という所です。ここに、一人の「侘び茶人」がいました。前節でも述べたように、特に名物を所持したりはしていない茶人です。

おそらく森口の町衆でしょう。利休とは知り合いなので、「いつかお茶を飲みましょう」と利休も約束していたので、ある冬の頃、大坂（現在は「大阪」と表記）から京都に上るついでに、この「侘び茶人」のもとに夜遅く立ち寄ってみたのでした。「大坂より京へのぼるに」とありますから、利休が大坂城と聚樂第を往還していた秀吉政権の頃かもしれません。

立ち寄ってみますと、亭主も喜び、邸内の様子も、「栖居《スマイ》いとわびて、心にかなう」という風情でした。利休の心にかなう侘びた住まいだったのです。

や丶ありて、窓のもとに人の音ないしけるをみれば、亭主行灯《アントウ》に竹竿《サオ》を持そへ出て、柚の樹《キ》のしたに行灯をおろし、竿にて柚を二つばかりとりて内に入ぬ。休、打みるより、「是を一種の調菜にしつるよ」と、侘のもてなし、一きはおもしろく思うに、あんのごとく、柚味噌にしたゝめ出す。(5)

邸内の茶室で控えていると、窓のそばで人の気配がします。窓からそっと利休がのぞくと、主人が行灯と竹棹を持って、庭の柚の木の下にやってきました。行灯を下ろして、棹で柚を二つほどもぎ取って、家の中に戻っていきました。利休は、それを見てすぐに、「この柚を料理のおかずにするのだろう」と、この主人の侘び茶のもてなしを大変気に入っていたところ、思った通り、柚味噌に調理して、亭主は持ち出してくれました。
ここまでは、突然の客に、手元にあるものだけで、心を込めてもてなす「侘び」の精神にかなうものでしたので、利休も大変満足していたのでしょう。
ところが、突然亭主は、お酒一献が過ぎて、立派な蒲鉾《かまぼこ》を出してきたのでした。当時の蒲鉾は、大変高価で貴重な食べ物です。十分な準備をしないと、食事に出せるものではありません。

酒一献過て、「大坂より到来す」とて、ふくらかなる肉餅《かまぼこ》を引く。休、「さては、よべよりしらするものありて、肴もとゝのえ侍るにこそ。始め、わざとならぬ体にみせつるは、にせものよ」と、興さめて、酒いまだなかばなるに、「京に用事あれば、まかる」とて、いかにとむれども聞も入れず、のぼりぬ。されば、侘ては有合たりとも、にげなき物は出さぬがよきなり。(6)

利休は、突然、「さては、昨晩から私が訪問すると知らせたものがいて、酒の肴を準備していたのだな。始めに、わざとらしくなく柚をもいで出したのは、演技のようなものだったのか」と興ざめして、酒も未だ半ばなのに、「京都に用事があるので、出発するよ」と、いかに亭主が止めても聞き入れずに、京都に向かったのでした。

逸話の終わりに、教訓が述べられています。「されば、侘ては有合たりとも、にげなき物は出さぬがよきなり」、つまり、「侘び茶」にかなっているように見えても、「侘び」に似合わないものは出さない方が良い、ということです。

突然の客をもてなすのですから、あり合わせのものでも、心を込めてもてなせば良いのです。それを、わざとらしく「侘び」てみせて、豪華な蒲鉾を用意していたという、「にげなき物」を用意していたもてなしは、利休の求めるものではなかったのです。

「侘び」とは不足に満足し、その不足を克服して生み出す世界であり、いわば「マイナスの美学」であることをよく語った逸話です。不足だから、足りないものを付け足していくという「プラスの美学」ではないのです。

3　寂びは「粗相な美しさ」

前節までは、「侘び」・「侘び茶」という言葉についてお話ししましたが、「侘び」と似た概念を表す言葉に、「寂《さ》び」という言葉もあります。茶の湯の世界でも、「侘び・寂び」などと並べて使われることがよくあります。私も、「侘び」と「寂び」とはどう違うのか、などと時折質問を受けることがあります。

この二つの言葉は、よく茶席での会話などに使われる言葉ですが、案外その違いを理解している人は多くないようです。そこで、少し回り道になりますが、「寂び」という言葉の意味もお話ししておきましょう。

「寂び」という言葉の意味を、分かり易く述べた利休の逸話が、『茶話指月集』にありますので、まずその逸話を紹介しましょう。

宗易（利休）、さる侘《わび》のかたへ、鵙屋《モズや》の宗安をともないまいられたれば、露地の中垣《なかゞキ》にふるき狐戸《きつねど》を釣《つ》りたり。宗安、「**さびて**おもしろく候」とあれば、易（利休）、「われらは**さびたり**と存ぜず。却《かえっ》て、結構成《けっこうな》る釣戸《つりど》とこそ存《ぞん》ずれ。いかんとなれば、さだめてとおき山寺より所望《しょもう》し来《きた》るにぞあらん。その人足等の雑用思いはかるべし。たとえば、**侘の心**ならば、自身戸屋へゆき、『いかにも麁相《ソソウ》なる猿戸《さるど》がほし《欲し》い』といわんに、戸屋、『さようならば松杉の板くづ続《ツギ》合せ、いたしまいらせん』といいて出来《イデキ》たるを、そのまま釣りてこそ、**さびて**面白しと申《もう》すべけれ。かようのことにて、其人《そのひと》の茶湯《ちやのゆ》はみえ侍る[7]」。

利休がある「侘び茶人」の所へ、鵙屋（万代屋《もずや》とも）宗安《そうあん》（生年不詳〜文禄三 一五九四）を相伴させて訪れた時の逸話です。

万代屋宗安は、堺の商人でもありますが、利休の娘婿といわれています。優れた茶人でもあり、豊臣秀吉の茶頭衆にも連なりました。

さて、二人で訪れた茶人の露地に入りますと、露地の中垣（外露地と内露地の境界を示す垣根）に「狐戸《きつねど》」が釣ってありました。「狐戸」とは細い格子の入った戸で、暗い家の中からは明るい外の景色は見えますが、外からは暗い室内が見えにくい戸のことです。これが、「釣りたり」とありますから、表千家の露地にある半蔀《はじとみ》（揚《あ》げ簀戸《すど》）のように、上部が固定されて下から持ち上げる蔀戸《しとみど》のタイプのものでしょう。

この狐戸を釣った趣向が珍しかったので、宗安は、「さびておもしろく候」と褒めたのです。この「寂びて」という意味は、狐戸が「古いもので時代が経っている」という意味です。

「寂び」という言葉は、本来、古語の「さぶ」からきた言葉で、その言葉の原義は、「生命力が衰えていく」という意味です。ですから、「時代が経って古ぼけてくる・古くなって色あせる・寂《さび》れてくる」といった意味になり、そのものの生命力が次第に減退することを意味していました。例えば、生命力にあふれた春・夏の季節が終わって、秋・冬の季節になると、地上の生命が衰え、木々が枯れ果てていくように、世界は寒くなっていきます。その「寒い（さぶい・さむい）」も「さぶ」から派生した形容詞です。

また、ピカピカの金属なども、放置され続けると「錆《さび》」が出てきます。金属としての生命力がなくなっていくと「錆」が出た状態になるのです。ですから、「錆」も「さぶ」から出た名詞です。

こうして、寂れていく状態を嘆くきもちが「寂しい」という形容詞を生み出しています。しかし、そのような寂しい状態を、閑寂な境地として受け止め、その静寂な境地を肯定的な意味に転じたのが、美意識を表す言葉の「寂び」でもあるのです。これも、和歌・連歌・俳諧などの和歌的世界の中で創り出された美意識なのです。

このように、「寂び」とは、時代が付いて、もとの新しい状態から古くなってしまうことなのですが、宗安が「さ寂《さ》びておもしろく候」と言ったのは、「この狐戸は、なかなか時代が付いて面白いですね」という褒め言葉です。宗安は、現在茶道具などについてよく使われる、「時代が付く」といった肯定的な意味で、この狐戸を褒めたのでした。

ところが、利休は、「われらはさびたりと存ぜず」と、この狐戸を釣った趣向について、ぴしゃりと厳しく批判します。

利休は、次のように判断したのでした。「この狐戸は、かえって結構費用がかかった吊戸《つりど》（釣戸）だと思うよ。なぜなら、きっと遠い山寺からわざわざ求めて手に入れたものであろうよ。その人足や輸送経費など考えてみなさい」と。利休は、この吊戸が、どこかの山寺からわざわざ取り寄せたものであろうと考え、古ぼけた趣のある吊戸ではあるが、相当経費を掛けた露地の趣向だと見抜いたのです。

そして、次のように、「侘び・寂び」について語ります。「例えば、侘びの心でこうした吊戸を用意するなら、亭主自身が戸屋に行って、『いかにも麁相（粗相《そそう》）な猿戸（簡素な木戸）がほしい』と言えば、戸屋は、『それならば、松や杉の板屑《いたくず》を継ぎ合わせて作って差し上げましょう』と言って、そのようにしてできあがった安上がりで簡素な木戸を、そのまま釣ってこそ、寂びて面白いといえるのだよ」と。

一見古びて、趣向もあり、つい褒めてしまいそうな狐戸は、大変な経費を掛けて作りだした偽物の「侘び・寂び」で、適当な材料がなければ、あり合わせの木屑でつくればよいのです。無理をせず、「身の丈サイズ」の吊戸でよい、というのが利休の考えでした。それこそ「侘び」の心にかない、木屑でできているので、結果的には古ぼけた「寂び」の美しさになろうというものです。

利休は、一見「侘び・寂び」に見えても、無駄な出費を伴う趣向をわざわざ凝らすことには極めて否定的で、「かようのことにて、其人《そのひと》の茶湯《ちやのゆ》はみえ侍る」（こういうことによって、その人の茶の湯の力量が分かる）と、その亭主の実力を見抜いたのでした。

常に、「侘び」の心、「侘び茶」の心をもって茶の湯を眺めていたのが利休であったといえるのです。「寂び」は、「侘び」の心の裏打ちがあってこそ、閑寂・枯淡な美としての味わいが出るのでした（図2）。

4　侘びは「不足の思い」から

前節までは、利休の逸話をめぐって、利休の「侘び・寂び」についてお話ししました。「侘び・寂び」ともに、どちらかといえば精神的・内面的な美しさですが、「侘び・寂び」の対極にある美とは何でしょうか。私は、それを「雅」とか「宮廷美」と呼んでいます。

図2　タイ産見立象形水指
（仙台朝好会の震災復興茶会にて撮影筆者）

十三世紀初頭頃の禅宗と抹茶の伝来以来、茶の湯の歴史では、多く中国からの輸入品、すなわち唐物の美術工芸品が用いられていました。十四世紀の南北朝の内乱期から室町時代を通して、上層武家階層が書院造りの豪華な邸宅で茶の湯を楽しんだ頃も、邸内を飾るのは唐物の美術品が中心でした。いわば、「唐物荘厳《しょうごん》」（唐物の美術工芸品を飾って鑑賞して楽しむこと）が中心だったのです。

これらの唐物の美術工芸品は、中国から輸入したものですから、大変高価で貴重な品々でした。特に、宋・元・明という中国の王朝の変遷の中で、陶磁器や絵画（唐絵）

は、大量に輸入され、日本人の目と心を奪いました。

中国から輸出される陶磁器や絵画は、おそらく現地中国では最高級の品ではなかったでしょうが、そのレベルの高さからして、一見して美しく、技巧も優れており、「目に見える美しさ」が大切でした。一点の曇りもない青磁・白磁の美しい焼き物や、艶《あで》やかな絵画の美しさは、それに憧れて輸入し、収集し、所蔵した権力者たちの求めた美です。

ちょうど平安時代の王朝美と共通する艶やかな美しさが、唐物の美に相当しますので、「雅」とか「宮廷美」といった言葉がその美を表すのにふさわしいと思うのです。

しかし、十五世紀の中頃、特に応仁・文明の乱（応仁元 一四六七～文明九 一四七七）以降、時代が下剋上の時代に突入する頃になりますと、新興武家階層（国人層）の人たちや、経済を担う階層の町衆たちが茶の湯にも興味を持ち始めます。彼らは、上層武家階層が所持していた唐物にも憧れますが、当然、そんなに高価なものを多くは所持できません。いわば「不足」を託《かこ》つことになります。

その頃に登場してくるのが、茶道の開祖とも呼ばれる村田珠光《しゅこう》（「じゅこう」とも）（応永二十九 一四二二 または応永三十 一四二三～文亀二 一五〇二）でした。詳しい彼の生涯については、不明なことが多いのですが、彼は、一休宗純《いっきゅうそうじゅん》（応永元 一三九四～文明十三 一四八一）の弟子として参禅し、一休から印可《いんか》（精進して師から禅僧としての力量を認められること）の証《あかし》として圜悟克勤《えんごこくごん》（宋代の臨済宗の傑僧。茶道の世界では、圜悟墨跡を「開山墨跡」と呼ぶ）の墨跡を授けられたと伝えられています。この禅の修行を茶の湯の修行に重ね合わせて、茶の湯の修行が人間形成のための「芸道」であることを示したのが珠光でした。

茶の湯が人間形成のための芸道であり、茶の湯を通して「心の師とはなれ、心を師とせざれ」という、「心のセルフコントロール」を述べる一種の教育論が珠光の「心の文」（弟子の古市播《ふるいちはり》磨《ま》に宛てた手紙）です。その中で、茶の湯の美意識について、珠光は、次のように述べています。

此の道の一大事は、和漢の境を紛《まぎ》らかすこと、肝要《かんよう》々々。用心あるべきことなり(8)

これは、「和漢の境」、つまり、和物（国産品）と唐物（輸入品）の区別をなくして、茶の湯に日本の国で焼かれた、信楽や備前などの陶器を使用して、和漢渾然一体になった新たな独自の美を生み出すべきだという主張です。

すなわち、高価で豪奢な唐物の工芸品を持つことのできない新興武家階層の人たちや町衆が珠光の茶の湯の弟子衆であったと思われますので、彼らの「唐物を所持したいがそんなにたくさんは持てない」という「不足の思い」に、「和漢の境を紛らかす」という新たな美の境地を指し示しているのです。

この章の初めに触れた、「侘び・侘び茶」のまさに源流が珠光の示した「和漢の境を紛らかす」

という精神にあるのです。「侘び」の精神の源流は、珠光によって、「不足の思い」を克服する形で「和漢の境を紛らかす」ところにあったといえるでしょう。

珠光が「侘び茶の開祖・茶道の開祖」と呼ばれるのは、茶の湯を「此の道」というように、初めて「道」と呼び、「不足の思い」に対して新たな「和漢の境を紛らかす」という境地を創り出したからなのです。

茶の湯の美は、こうして唐物を愛でる美意識、すなわち目に見える美しさ（「雅・宮廷美」）を求める意識と、国焼きの土肌の素朴な味わいなどを愛でる美意識、つまり「心の目」で美を求める精神の融合からスタートするようです。

「不足の思い」を克服する境地の創出は、「侘び・侘び茶」の提唱でもありましたが、その対極にある唐物への憧憬も常に伴っていたのです。


【註】
（1）『茶話指月集』（千宗室ほか編『茶道古典全集　第十巻』淡交新社、一九六一年）二〇八頁。
（2）熊倉功夫校注『山上宗二記　付茶話指月集』岩波文庫、二〇〇六年、一三～一四頁。
（3）同註（1）一九九頁。
（4）同註（1）二〇四頁。
（5）同註（1）二〇五頁。

（6）同註（1）二〇五～二〇六頁。
（7）同註（1）二二七～二二八頁。
（8）村田珠光「心の文」表千家不審菴ＨＰ（https://www.omotesenke.jp/chanoyu/7_2_1a.html 二〇二一年四月十五日）。詳細は、熊倉功夫ほか編『史料による茶の湯の歴史（上）』主婦の友社、一九九四年、二一二～二一五頁を参照のこと。

第一章

利休の登場

1　「豪商」ではなかった利休

前章で述べたように、利休の侘び茶は、「不足の思い」から茶の湯の境地を新たに創り出す努力から生み出されました。

無理をすることなく「身の丈サイズ」で茶の湯を楽しみ、しかもその境地が今までにない茶の湯の精神的な美的世界を生み出すのですが、それを可能としたのは、利休にとってどのような背景があったからでしょうか。若き日の利休の彼方に見える「不足の思い」とは、いかなるものだったのでしょうか。

利休の名前が初めて歴史の資料に認められるのは、築地《ついじ》の修復のために、堺の町の中心にあった念仏寺がその費用を町の商人たちからそれぞれ一貫文ずつ集めた記録である「念仏差《ねんぶつさ》帳日記《ちょうにっき》」[1]（開口神社文書）という奉加帳の記事です。一貫文というのは高額だったようで、「依レ差二大勢人数一《おおぜいのにんずうをさすによりて》、雖レ不レ有二已後之例一《いごのれいにあらずといえども》、代壱貫文《だいいっかんもん》ツヽ」（「大勢の人たちの寄進によるので、以後の前例にはしないが、寄付の代金は一人一貫文ずつ集めます」の意）と冒頭に記されています。

この記録によって、十六世紀中頃の堺の町の町名や商人の屋号、あるいは屋号から類推できる職業などが分かります。例えば、武野紹鷗《たけのじょうおう》（文亀二 一五〇二～弘治元 一五五五）なども「舳町《へのまち》」のところに「紹鷗　皮屋」として出てきますので、利休の茶の湯の師であった紹鷗は、鎧などの武具製造に欠かせない革製品を扱っていた商人であったことが分かるのです。彼が大変裕福な商人であったのは、戦国時代に需要が多くあった武具製造に関わる商人であったからというわけです。

この記録の中の「今市町《いまいちまち》」というところに、「与四郎《よしろう》殿　せん」と、当時の利休が記されているのです。この記録には、「与四郎殿」という人物が何人も出てきますので、「せん」という注記がなければ、これが若き日の利休であると特定できません。この記録は、天文四年（一五三五）に書かれていますので、ここに出てきた千与四郎は、当時十四歳ということになります。今の十四歳といえば、まだ中学生の年齢ですが、当時大寺の築地修復の寄進を家の代表としてしているのですから、すでに父親から跡継ぎとして認められていたのでしょう。千与四郎の「千」は、この記録から屋号であったようで、名字は「田中」でした。

さて、利休の父親、すなわち田中与兵衛《よへえ》（生年不詳～天文九 一五四〇）は、利休が十九歳の天文九年（一五四〇）の頃に亡くなったと推測されます。田中与兵衛の没年が明らかになるのは、天正十七年（一五八九）に利休が大徳寺山門の修復をしましたが、それが父親の五十回忌に当たるからです。とすると、若き日の利休、つまり千与四郎は、十四歳で父親の家業を継ぎ、五年後に父に先立たれたということになるのです。おそらく父の与兵衛は、息子の与四郎を一人前として認め、後を彼に託していたのかもしれません。与四郎という名前からは、彼の上に三人の兄がいたのかもしれませんが、早逝したのか、今では何も分かりません。

ただし、『天王寺屋会記』（堺の天王寺屋《てんのうじや》津田宗達《そうたつ》・宗及《そうぎゅう》・宗凡《そうぼん》の三代にわたる茶会記）の「宗達他会記」には、天文二十一年（一五五二）三月十三日、弘治三年（一五五七）十一月八日、同三年（一五五七）十二月四日、永禄三年（一五六〇）十一月六日、同六年（一五六三）六月二十四日の条に、「千宗休」という人物が、津田宗達（永正元 一五〇四～永禄九 一五六六 津田宗及の父）とともに茶会に出ています。

また、『天王寺屋会記』の「宗達自会記」には、天文二十年（一五五一）二月二十三日・同二十一年（一五五二）五月十九日・同二十二年（一五五三）十一月十日・同二十四年（弘治元 一五五五）九月三十日には、津田宗達が千宗休なる人物を招いていますので、千宗休は、天文二十年～永禄六年頃には、堺の町の茶人として活躍していた人物であることが分かります。

しかし、千宗休なる人物が千の一族であるということは推測できても、利休の父や利休との関係は分かりません。ただし、利休が当時「宗易」という名で堺の町で活躍していた三十歳～四十歳代に、千家の一族で「宗休」なる茶人が活躍していたことは確かです。

利休が堺の茶人として活躍した背景には、祖父が室町将軍の同朋衆《どうぼうしゅう》（将軍の館の飾りや唐物の美術工芸品の鑑定などを担当する半僧半俗の侍者）であったということや、一族に茶人として活躍していた人物がいたこともあったのではないでしょうか。若き日の利休を取り巻く環境に、彼が二十歳頃に武野紹鷗の弟子になったことのほかに、一族の恵まれた茶の湯環境もあったのかもしれません。特に祖父千阿弥の影響が少年時代の利休には大きかったと私は想像します。また、父の与兵衛は、堺の町の自治を担う「会合衆《えごうしゅう》」の一人だったと伝えられていますから、堺の町では、町のリーダーの一人であったと思われます。その仕事は、「納屋《なや》衆」（倉庫業者）ともいわれますが、塩干しした魚を保管する倉庫業だったようです。

このように、田中与兵衛は、堺の町ではたしかに有力な商人の一人であったと思われますが、武野紹鷗のような武具を扱う職業や、「念仏差帳日記」の「材木町」に記される「新助五郎殿天王寺や」、すなわち天王寺屋津田宗及（生年不詳～天正十九 一五九一）などの貿易などに携わったであろうと思われる職業の豪商と比べると、若き日の利休は、決して豪商の身分ではなかったのです。

2 「緑苔墨跡」と「末期の文」

表千家に、利休が二十歳頃にしたためた七言絶句の漢詩「緑苔墨跡《りょくたいぼくせき》」が所蔵されています。これは、利休の祖父、田中千阿弥《せんあみ》道悦《どうえつ》（生没年不詳）の七回忌の時の偈《げ》（仏の功徳などをたたえる詩）ですが、そこには利休（当時、「宗易」）に十分な財力がなかったことが詠嘆的に表現されています。試みに偈を訓じてみましょう（次頁図3・図3下）。

この漢詩の内容は、指折り数えて早くも祖父の七回忌がきたが、「自分にはまだ十分な財力がないため、斎《とき》の会をもうけることもできず、ただ塔の前で涙をながし、久しく嘆息して、夕

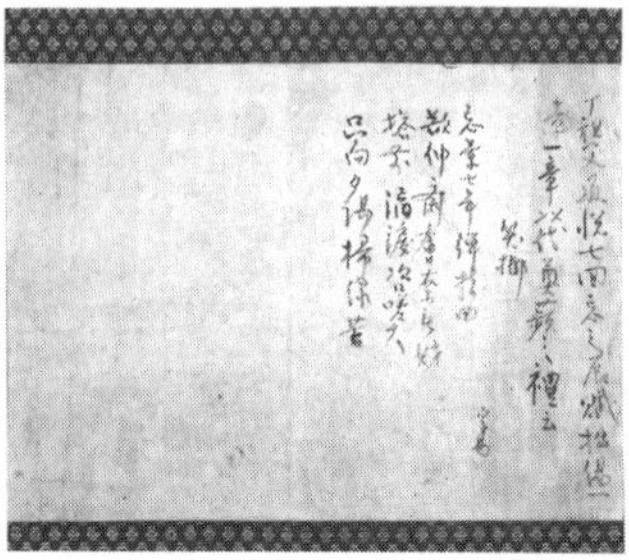

図３　緑苔墨跡（表千家不審菴所蔵）

丁祖父道悦七回忌之辰賦拙偈《ときせつげをふして》一
章一章以代奠蘋之礼云《もってでんぴんのれいにかえていわく》
笑擲《しょうてき》　宗易
忌景七年弾指回《きけいしちねんだんしししてめぐる》
欲伸斎会奈無財《ときのかいをのべんとほっすれどいかにせんむざい》
塔前滴涙呇嗟久《とうぜんになみだをたれしさすることひさし》
只向夕陽掃緑苔《ただゆうひにむかいてりょくたいをはく》

日に向い塔の緑の苔を掃くばかりである」というものです。「父の与兵衛もなくなり、利休が家督を相続して間もない頃のものと考えられる」[2]と説明されているように、この偈は利休の二十歳頃のものと思われます。

利休の祖父は、室町将軍に仕えた同朋衆で、千阿弥と名乗っていました[3]。

応仁の乱（一四六七）の後、戦国下剋上の時代に入り、祖父千阿弥は室町将軍のもとを辞して、堺の町に移り住んだのでしょう。二代目の与兵衛が納屋衆となり、ビジネスでも成功し、堺の町の会合衆となったのだろうと思われます。

戦乱の世の中でも、堺の町は、最も安全で町衆（商人たち）が自治を行っていた「自治都市」でしたので、千阿弥は、茶の湯に堪能な文化人として堺の町に移り住んだのでしょう。祖父の七回忌に墓の前で、財力がないので十分な法要が出来ないと涙ながらに嘆息するのですから、利休の少年期の体験のなかで、おそらく祖父からの茶の湯に関する影響が多大なものであったと推測できるのです。

さて、この「緑苔墨跡」の重要なことは、父の家督を継いで間もない利休には十分な財がなかったという所です。

それでは、父与兵衛の財産はどの程度だったのでしょう。それを示す資料があります。

利休の「末期《まつご》の文」と呼ばれる書状です（次頁図4）。これは、天正十九年（一五九一）、切腹直前の利休が堺でしたためた子息道安《どうあん》（「紹安」とも）（天文十五 一五四六〜慶長十二 一六〇七）への財産譲り状です。次に引用してみましょう。

問の事（納屋衆、つまり貸倉庫業の収入）、泉国《いずみのくに》ある程の分。
同佐野《おなじくさのの》問、しお魚座ちん（塩干しの魚を保管する収入）、銀百匁也。
田地は今渡候分《いまわたしそうろうぶん》、もず・深井にて候、済候《すみそうろう》。
但《ただし》、泉州《せんしゅう》にても別に名を書、ゆづり候分有レ之《これあり》。

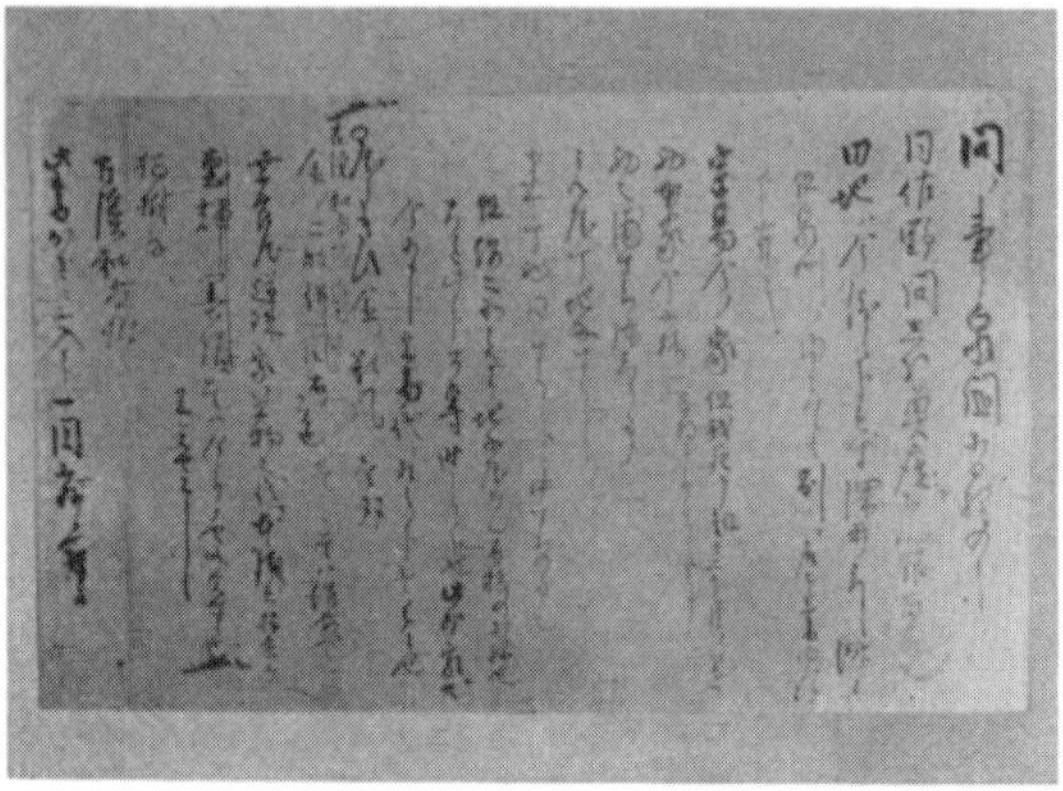

図4　末期の文（個人蔵）
（桑田忠親『利休の書簡』河原書店、第168号書簡より転載）

宗易今の家　但、我死て後十二ヶ月の間は子持あけまじき事候。
西本家今小路
西之浦すじ弥三郎事。
こん屋丁地子すこし、才木丁西、同すこし、中すじの事也。
但、紹二北となり地子・屋ちん、石橋のあね也。
大かた此分、了専《りょうせん》（父の与兵衛）時より分也。(4)
……（以下略）……

「大かた此分、了専《りょうせん》時より分也」とありますので、大部分は父である「了専」時代の財産です。和泉国と佐野（大阪府泉佐野市）の「しお魚座ちん」、すなわち塩干しの魚を保管する納屋衆の収入と、既に道安に譲渡済みであった堺周辺の田畑、堺の町にある今市町の自宅・西の本家・西之浦筋の家・紺屋町・材木町などの貸家などが、利休の自刃直前の財産でしたが、実は、すべて父与兵衛から相続したものでした。
利休が自分の時代に所有した財産は、右の書状の後に書かれています。

今ある分、宗易（利休）代に取レ之候分《これをとりそうろうぶん》を分候也《わけそうろうなり》。
紹安（道安）（花押）
◯やうきひ金の瓶風、壱双
古渓和尚様（古渓宗陳）進上候也《しんじょうそうろうなり》。
金の二枚併風右のかわり也　壱双、是は紹安也。
奈良屋道珠家質物之代、本銭六拾貫文
徳輝墨跡、是は今うり候や、又覚ず候也。［紹安］（花押）
柏樹子、是ははやわたし候。
古渓和尚様
此書おきに不レ入候分《いらずそうろうぶん》、一円不レ可レ存候也《ぞんずべからずそうろうなり》。［利休］（花押）(5)

「今ある分、宗易代に取レ之候分《これをとりそうろうぶん》」、つまり今堺にある利休の時代に得た財産というのは、古渓和尚に進呈する一双の金屏風と、道安に譲る金屏風、六十貫文の貸し倒れの質になっている奈良屋道珠の家くらいでした。「徳輝墨跡」（徳輝は元代の禅僧）は、売却したか覚えていないとあり、「柏樹子」は、すでに道安に譲っている、とあります。

これは、父から家督相続した財産以外に、利休は、ほとんど堺の財産をふやしてはいなかったことを意味します。一方で、自宅に「我死て後も十二ヶ月の間は宗易今の家　子持《こもち》（妻のこと）あけまじき事候」とあるように、自分が死んだ後、一年間は「子持」、すなわち後妻の宗恩《そうおん》が今まで通り堺の利休の家を空けないようにと述べています。後妻の宗恩は、跡継ぎの道安の実母ではないので、一年間は堺の家に住めるように気遣いをしているところに、利休の優しさを感じさせるでしょう。

つまり、堺の町衆としての利休は、父と同様に町のリーダーの一人でしたが、財力においては、決して豪商ではなかったことが右の財産譲り状からも分かるのです。

3　茶会記に見られる「不足の思い」

前節に述べたことは、利休の二十歳代から三十歳代の茶会の記事と符合するところがあります。

利休、すなわち当時の宗易が茶会記に最初に認められるのは、『松屋会記』（奈良の塗師、松屋久政《ひさまさ》（生年不詳〜慶長三〈一五九八〉）・久好《ひさよし》（生年不詳〜寛永十〈一六三三〉）・久重《ひさしげ》（永禄十〈一五六七〉〜慶安五〈一六五二〉）三代にわたる茶会記）の天文十三年（一五四四）二月二十七日の記事です。当時、利休は二十三歳です。

二十七日

一　堺千宗易へ　　右二人（恵遵房と久政）

釣物一　手水ノ間ニ、**床ニ四方盆ニ善幸香炉**、袋ニ入テ、

板　ツルべ　**珠光茶碗**

香炉セガイ《船柵》内角アツク、腰ノ上下ニ指ノアト程ノスジ二ツアリ、間ハ二分程アリ、ヒゞキ大小アリ、色青シ、フキスミアリ、土紫色也、底ニスハル、高二寸八分余アルト也(6)、……（以下略）……

若き日の利休は、松屋久政と奈良の僧侶の恵遵房をもてなすのに、床には四方盆に「善幸香炉」を載せて飾り、茶碗に「珠光茶碗」を用いました（口絵㊁）。

善幸香炉というのは、村田珠光《しゆこう》の弟子と伝えられる大富善幸《おおとみぜんこう》（生没年不詳）という人物が所持していた香炉と伝えられています。奈良からの来客を迎えるのに、珠光ゆかりの道具を取り合わせているところに、利休の配慮、おもてなしの心が感じられます。招かれた久政も、香炉は初めて見たのでしょうか、香炉の形状を詳しく観察して記しています。

この記事は、珠光茶碗を用いるところから、若き日の利休が珠光の侘びに傾倒していたなどと従来評論されていました。珠光の侘びに傾倒していたかどうかはさておいて、確かに奈良の客を迎えるには、なるほどふさわしいと思わせる取り合わせです。また、名物を一つ床に飾って、ほかは身の丈サイズの道具でおもてなしするというのが紹鷗風の茶の湯ですので、当時の堺の茶の湯を彷彿とさせるものがあります。

しかし、利休の三十歳代の茶会の記事を眺めますと、少し違ったことが明らかになってきます。

利休の三十歳代の茶会の記事は、『天王寺屋会記』「宗達他会記」と『松屋会記』「久政茶会記」にいくつかの記事があります。次に列挙してみましょう。

①『天王寺屋会記』天文二十四年（一五五五）**正月六日（利休　三四歳）**

卯正月六日朝　宗《千》易会　　達（宗達）　好　弥三〔万代屋〕

一　いるり　つり物

一　床　**香炉、四方盆ニ、後ニ珠光茶碗ニ**茶タツ(7)

②『天王寺屋会記』弘治二年（一五五六）十二月十九日（利休　三五歳）

同十二月十九日　宗《千》易会　達　了雲（宗達の一族）

一　いるり

一　茶碗　珠光[8]

③『天王寺屋会記』弘治三年（一五五七）十二月一日（利休　三六歳）

同十二月一日朝　宗《千》易会　開　達

一　いるり　つり物

一　床　香炉、四方釜ニ、　珠光茶碗、後ニ出、さか《酒》つき《杯》に、[9]

④『松屋会記』永禄二年（一五五九）卯月（四月）二十三日朝（利休　三八歳）

二十三日朝

一　千宗易　紹佐　久政二人

左カマヘ四畳半、南向、　トビン［釜］　五徳
床ニ、**方盆ニ善光手炉**（善幸香炉）、**香ハタカズ**、
カツテヨリ、**珠光茶碗**(10)……（以下略）……

⑤『天王寺屋会記』永禄三年（一五六〇）十二月六日（利休　三九歳）

同十二月六日朝　宗易会　達　陳《道陳》　久《宗久》
一　いるり　つり物
一　床　細口、むもん《無文》也　始而《はじめて》、けむさん《建盞》に茶タツ《点つ》(11)

利休は、二十三歳から三十九歳まで重要な町衆を迎える時に、五会の茶会の内、四会が善幸香炉と珠光茶碗を使用していることが分かります。この事実から、津田宗達のような堺の町のトップの商人を招く時にふさわしい道具として、利休には珠光茶碗と善幸香炉くらいしか所持していなかった、と考えた方が自然でしょう。

前節で述べたように、利休は、武野紹鷗・津田宗及・今井宗久《そうきゅう》（永正十七〜文禄二／一五二〇〜一五九三）たちのように、名物をいくつも所持するような豪商ではなかったのです。おそらく、彼の心にも、もう少しよ

い道具がほしいという「不足の心」も生じたことでしょう。そのような「不足の心」から、利休は、やがて工夫や見立ての精神、あるいは掘り出しによる名物と並ぶ程の見逃されていた名品の発見への努力を生み出していったと思われるのです。

例えば、③の弘治三年（一五五七）十二月一日の会では、利休は、珠光茶碗を酒杯に使っています。当時の正式な茶会は朝会ですので、おそらくまず茶で客をもてなしてから、懐石になったと思われますので、利休は、点前で使用した珠光茶碗を食事の時に勝手（水屋）から再び持ち出して、「さあ、今度はこれ（珠光茶碗）でいきましょう」と珠光茶碗を差し出したことでしょう。

ありきたりな酒杯よりも珠光茶碗を酒杯に見立てて使ったら、なみなみと酒もつげますし、回し飲みも出来ますし、席も笑いで盛り上がったことでしょう。客の津田宗達にとっては、毎回見慣れた珠光茶碗でしたが、利休が工夫でそれを酒杯にも見立てたことで、茶碗が新鮮に見えたことでしょう。

新たに名物を無理して購入するよりも、むしろ使い方の工夫をして道具を新鮮に見せ、茶席を賑わせるアイテムにしてしまうところに、利休の侘びの工夫が見て取れます。

珠光茶碗と善幸香炉の取り合わせがなくなったのは、⑤の永禄三年（一五六〇）十二月六日の会でしたから、二十三歳から三十八歳までの十六年間、利休は、もう少し唐物茶碗を所持してみたいという「不足の思い」を、「工夫」でもって克服していたのでしょう。

⑤の会に見られるように、床に細口の無文（無紋。模様のないこと）の花入（鶴首の花入であろう）を飾り、建盞《けんさん》（中国福建省の建窯で宋・元の時代に作られた天目。曜変天目・油滴天目など）という唐物茶碗で茶会を催したのは、彼が初めて会記に登場してから十七年が経っていました。一見、唐物に志向したように思えますが、床の細口花入は「無文」であり、むしろ前章で述べた「寂《さ》び」た味わいの趣でした。

「不足の思い」を寂びた唐物で克服したところに利休らしい「侘び」が見られます。だからこそ宗達は、この花入を「始而《はじめて》」（初めて目にした）と記して印象深く感じたのでしょう。

4　町衆から一目置かれた茶人に

利休は、四十歳代の半ばになりますと、堺の町でも茶人として仲間から一目置かれた存在に成長していたようです。『天王寺屋会記』「宗及他会記」の永禄十年十月十七日の記事に興味深い茶会が記録されています。次に引用してみましょう。ちなみに、この年は、織田信長が足利義昭《よしあき》（天文六〈一五三七〉〜慶長二〈一五九七〉）、後の室町幕府十五代将軍を伴って入京する年の前年のことです。

同（永禄十年）十月十七日　魚屋《ととや》良向会　宗易　宗及　新五（武野新五郎宗瓦）

炉ニせめひも《（責紐）》のかま《釜》、五徳ニ、
床　墨跡、チゼツ之墨跡（痴絶道冲の墨跡）也
始而《はじめて》拝見候、表具上下《茶色》、中《アサギ》、一文字風体《モヨキ金シャ》
墨跡タケ長也、印三ツアリ、
此《この》墨跡持出《もちいだし》テ、釘ヲ客之前ニ而打《てうち》テ、宗易カケ《掛け》ラレ候(12)**、**

亭主は「魚屋良向《ととや》」とありますので、利休と同様に塩干しの魚を扱う納屋衆と思われます。そこに、利休（宗易）・宗及・武野新五郎（宗瓦）（天文十九〈一五五〇〉～慶長十八〈一六一四〉）が招かれました。武野新五郎は、武野紹鷗の子息ですが、幼少時に父紹鷗が亡くなり、姉の夫として家業を託された今井宗久が、紹鷗の「新五郎が成人したら道具を新五郎に譲る」という遺言を破ってしまいます。そのため、新五郎は苦労したと思われますが、利休と宗及とが新五郎の相伴で招かれていますので、この二人が何かと師匠紹鷗の子供の面倒を見てやっている様子がうかがえます。

さて、床には南宋の禅僧である痴絶道冲《ちぜつどうちゅう》の墨跡が、おそらく床の壁に立てかけられていたのでしょう。大変貴重な掛け物が手に入った時、それを披露する時の扱いです。現在では、「軸飾り」という習いにのこっています。

「軸飾り」という習いは、貴人の書や貴重な掛け軸などを披露する時の作法で、亭主が主客に、

「どうぞ掛け物を掛けてくだささい」と所望する習いです。主客が、「いえいえ、ご亭主がどうぞお掛けくださいい」と返答すると、亭主が自ら掛けることもあります。

『天王寺屋会記』の記事は、現在の「軸飾り」の習いに当たる利休時代の茶席の様子を記録しているという意味では、大変貴重な資料にもなるのです。

さて、この墨跡が掛かってから、宗及は、「始而《はじめて》拝見候」と記録していますので、やはり眼を脅かせる墨跡だったのでしょう。ところが「墨跡タケ長也」とありますので、もともと広い書院の床に飾られるべき唐物の墨跡でしたので、堺の町衆である良向の茶室の床には長すぎたのでしょう。そこで、現在の軸飾りの習いのように、「宗易さん、掛け軸をどうか掛けてください」と、亭主の良向が「此《この》墨跡持出《もちいだし》テ」、利休が「釘ヲ客之前ニ而打《てうち》テ、宗易カ《掛》ケラレ候」という具合に、釘を打って掛けたというのでした。

ここには、利休ならこの「タケ長」の掛け軸をよい塩梅《あんばい》の所に掛けてくれるであろうという亭主の利休への信頼が伝わってきます。巻かれている掛け軸の太さなどから、その丈を推測して、床の上のどのあたりに釘を打つかを考えなければなりません。しかも、きちんと釘を打ち、掛け軸がバランスよく掛からねばなりません。

このように利休は、町衆からバランス感覚などでは秀でた茶人として評価され、尊敬されていたのでしょう。良向が高価で貴重な痴絶道冲墨跡の披露に、利休を主客として招いたのも、堺の町衆の間では、利休が秀でた茶人だとの評価があったからでした。

5　不足の克服とバランス感覚

前節で、利休が優れたバランス感覚を認められていたことを、魚屋良向の茶会記事から述べましたが、利休のバランス感覚の良さ、鋭さについては、いくつかの逸話も残っていますので、次に『茶話指月集』から紹介しましょう。

> 宗易、いつの比なりけん、三斎へ、鶴の包丁所望申たれば、折節、鶴はなくて、鷺にてあそばしけるを、易、称して後、「末那《マナ》板の恰合《かっこう》、すこしひきく《低》見え候は、いかゞ」と問う、斎（三斎）、厨者《クリヤノ》に御吟味あれば、「頃《コノコロ》、定法のまな板ふるび候て、うえを一分ばかりしらげ候」と申《もうす》。其時《そのとき》、斎、手を拊《ウツ》ての給《たま》うは、「とかく目剣《メツルギ》とこそ存れ(13)」

利休（宗易）が、いつの頃であったか、細川三斎（忠興《ただおき》）（永禄六　一五六三～正保二　一六四五）の屋敷で、鶴を包丁でさばく「鶴の包丁」を所望しました。「包丁」というのは、現在では、包丁と箸とだけで魚をさばく神事の儀式に残っていますが、それを鶴ですることです。ちょうど鶴がなかったので、三斎は、鷺でその技を披露したのでした。

利休は、その技を見た後、三斎に次のような質問をしたのでした。「末那《マナ》板の恰合《かっこう》、すこし引《ひ》く見え候は、いかゞ」、つまり「まな板の格好が、以前見せていただいた時より、少し低く見えたのですが、どうでしょうか」と。

三斎は、目の前で披露されていた鷺の包丁の技は見ていても、厨房で使われているまな板などに関心は持っていません。しかも、包丁で使われるまな板は、高さのある分厚いものです。そこで、三斎は、厨房の者に調べさせてみますと、厨房の者が「最近、いつも使っておりますまな板が古くなりまして、表面を一分程削りました」と報告が入りました。

分厚いまな板で、しかも、ある程度離れた場所から包丁の技を眺めていた利休は、以前見たまな板の高さが低くなっていることに気づいたのでした。一分ですから、わずか三ミリ余りの違いです。

三斎は、この利休の眼力の鋭さに手を打って驚き、「いや、利休殿の眼は、まるで眼剣と思われますよ」と賞賛したのでした。

この逸話は、以前に見た記憶の中のまな板の高さと、包丁の技を披露する職人の姿のバランスとが、今眼前で行われている包丁の様子と比べると、わずかに違うのではないかという疑問を、利休が抱いたことを伝えています。しかも、調べてみると、分厚いまな板のわずか三ミリほどの違いを、利休が認識していたことを語っています。

また、館の主人の三斎は、大名ですので、召し使っている厨房の職人の道具などには目もくれませんが、利休は、職人の技と道具に鋭いまなざしを送っていたのです。

こうした観察眼と、包丁の技を披露している人と道具のバランスを見極める感覚とが、利休には生来の才能としてあったのでしょう。例えば、大寄せの茶会などで、点前をしている時、配置した茶碗と茶器の置き具合、茶器と茶筅の置き具合などは、広間で遠くから見ていても、畳一目の違いでバランスが悪く見えてしまいます。畳一目くらいなら、我々でも気づきますが、一分の違いを指摘する利休のバランス感覚の鋭さには驚かざるを得ないでしょう。

利休が「不足の思い」を克服して、新たな侘びの境地を生み出す背景には、こうした鋭い感覚・感性があったのでした。

利休が鋭い感覚の持ち主であったという逸話を、もう一話『茶話指月集』から紹介しましょう。

ある時、利休、道安所へ茶湯にまいられ、露地にて同伴の人へ、「飛石のうち、ひとつ一寸高けれども、亭主しらぬそうな」と笑いけるを、道安うちにて聞付け、「われも日《ひ》比《ごろ》、さおもいつる」とて、中起《ダチ》の間にそとなをし置しを、休、後の入りに立どまり、「此《この》石なをしたやらん、ひきく成りたる」という。其《その》高低《テイ》のくわしきを人感じ侍りし。[14]

ある時、利休が息子の道安の茶事に招かれた時のことです。茶室に向かう露地で、利休が相伴客に「飛び石の内、一つだけが一寸程高くなっておりましたが、亭主は気づいておりませんな」と笑いながら語りました。道安は、水屋の中で父の言葉を聞きつけ、「われ（私）も日頃そう思っていたわ」と、中立《なかだち》（客が初座と後座との間にいったん腰掛けに出ること）の間に、そっとその飛び石の高さを低く直しておいたのでした。すると、利休は、茶席に戻る後座の入りで、その飛び石のところで立ち止まり、「この石は、道安が直したようだな。低くなっているな」と言ったのです。飛び石の高さの高低の違いを感じ分けた利休の感覚の鋭さに、相伴客も感動したということです。

道安の茶室がどのようなものかは不明ですが、露地口から茶室の躙口まで、飛び石の数は相当あるはずです。「飛石のうちひとつ一寸高けれども」という利休の指摘は、どの飛び石とは指摘していません。その中の一つという指摘ですから、道安にとっても、どの飛び石か判別するのは困難ですが、道安も「われも日比《ひごろ》、さおもいつる」と気づいていたのです。そこで、道安は、中立の間にその石を少し低くしておいたのでした。

さて、飛び石は、まず歩きやすくなくてはなりません。しかし、すべての飛び石が同じ高さに据えられるということはあり得ませんし、それならば飛び石を敷き詰める意味はありません。それぞれの石の間には、微妙な高低差が生じています。

利休が一つ高く感じたのは、「一寸高けれども」と述べているように、もしも三センチ位であれば、高低の許容範囲は、実に三センチ以内ということになるでしょう。「一寸」を「ちょっと」という意味に解すれば、もっと微妙な高低差であったかと推定されます。

道安も、同様な違和感をその飛び石に感じていたのですから、利休・道安ともに飛び石の敷き詰め方に、細心の注意を払っていたということになります。しかし、利休の指摘で道安がその飛び石の高さを調整したのですから、利休は、こうした普通の人なら気にとめないところまで妥協をしない感覚の持ち主だったということでしょう。

「不足の思い」を克服して、新たな侘び茶や寂びた境地を創出した利休の感覚には、驚く程鋭いバランス感覚が働いていたのです。

【註】

（1）「天文四年（一五三五年）四月二十八日念仏寺築地修理料差文」（念仏差帳日記）大阪歴史博物館・大阪城天守閣・堺市博物館寄託。

（2）「緑苔墨跡」（『利休大辞典』淡交社、一九八九年）二八頁。

（3）『千利休由緒書』（表千家不審菴蔵）

（4）「末期の文」（桑田忠親『利休の書簡』河原書店、一九六一年）第一六八号書簡。

（5）同註（4）三八八～三九二頁。
（6）『松屋会記』「久政茶会記」（千宗室ほか編『茶道古典全集　第九巻』淡交新社、一九五七年）天文十三年二月二十七日の条。
（7）『天王寺屋会記』「宗達他会記」（千宗室ほか編『茶道古典全集　第七巻』淡交新社、一九五九年）天文二十四年正月六日の条。
（8）同註（7）弘治二年十二月十九日の条。
（9）同註（7）弘治三年十二月一日の条。
（10）同註（6）永禄二年卯月二十三日の条。
同註（7）永禄三年十二月六日の条。
（11）『天王寺屋会記』「宗及他会記」（千宗室ほか編『茶道古典全集　第七巻』淡交新社、一九五九年）永禄十年十月十七日の条。
（12）
（13）『茶話指月集』（千宗室ほか編『茶道古典全集　第十巻』淡交新社、一九六一年）二一六頁。
（14）同註（13）二二〇～二二一頁。

第二章

堺と三好一族の茶の湯

1　町衆の「詰め茶」の世話

前章では、利休は、同じ堺の商人といっても、天王寺屋《てんのうじや》津田宗及《そうぎゅう》や今井宗久《そうきゅう》などのように、政商として活躍する豪商ではなかったことをお話ししました。しかし、彼らのように名物道具を多く所持するような財力の持ち主ではなかったことが、後に「見立て」や「掘り出し」に通じる眼力や工夫を生み出したのです。

また、利休（当時は宗易）が飛び抜けて鋭敏な感覚や優れた美意識の持ち主であったこと、そして堺の町では、多くの町衆から一目置かれた茶人として評価されていたことも、前章でお話ししたところです。

織田信長が足利義昭《よしあき》を伴って入京する永禄十一年（一五六八）の頃には、利休は、堺の町では茶人として大変評価されていました。その年の前後の頃と思われますが、永禄年間（一五五八～一五六九）と推定される利休の手紙からも、そのことがよく分かります。

その手紙は、天王寺屋津田一族の長老の一人で、津田宗閑《そうかん》（宗及の父、津田宗達《そうたつ》の弟）宛の利休書簡です。

取乱《とりみだし》候《そうらい》て、何《いず》かたへも以二書状一《しよじようをもつて》不レ申《もうさず》候《そうろう》。先書に申候釣雲候《ちようううんにそうろう》壺御上《つぼおのぼせ》頼申候《たのみもうしそうろう》、人足さいりようは、寒山へ被候《おおせられそうらい》レ仰て可レ給候《しかるべくそうろう》。
鯛三ケ、大樽一ケ、重御音信《ごいんしん》、過当に候。仍《よつて》、宗二（山上宗二）下次第《くだりしだい》、銀事頼存《ぎんのことたのみぞんじ》
祝着候《しゆくちやくにそうろう》

一、宇治茶、来四五日手初《てはじめ》として、今朝惣三《そうざ》（宇治の茶師、上林惣三）を上申候《のぼしもうしそうろう》。つめ《詰め》之
事、霜にそこね候て、つめ茶延可レ申由候《のびもうすべきよしそうろう》。来十四五日比《ごろ》つめ候はんかと存候《ぞんじそうろう》。皆々、
当津（堺）衆へ此分可レ被レ仰候《このぶんおおせらるべくそうろう》。

恐惶謹言。

（永禄年間）

三　二十九　　宗易（花押）

宗閑老

まいる　人々御中[1]

宛先の津田宗閑は、『天王寺屋会記』「宗及他会記」の永禄十一年（一五六八）十一月二十一日の茶会記事を最後に、会記から名前が見られなくなりますので、右の手紙は、おそらく永禄年間の後半だろうと推測され、利休の四〇歳代後半のものかと思われます。

さて、右の手紙は、最初の二行が追而書《おつてがき》（追伸）ですので、本文は三行目から始まります。

まず読んでみましょう。

宗閑から利休に、鯛三匹、大樽一荷、そして手紙が届き、そのお礼の文章から書き始められています。続けて、愛弟子の山上宗二《やまのうえのそうじ》が堺に戻り次第、金子《きんす》を用意してくださるとありがたいと記されています。「宗二下次第《くだりしだい》」とありますから、後の文面からしても、利休は、おそらく京都あたりにいるようです。その金子というのは、おそらく宇治の詰め茶の代金ではないかと想像されます。なぜなら、それに続く宗閑への手紙の内容が、宇治茶の詰め茶に関することであるからです。

詰め茶(「つめ」とも)とは、新茶を摘んだ後、碾茶《てんちゃ》(摘んだ茶葉を乾燥させて小さくくだいたもの)に加工して茶壺に詰めることです。そして、新茶が詰められた茶壺は、例えば愛宕山などのような涼しい所でその年の秋まで保管され熟成されるのです。その茶を現在の十一月頃に、茶壺の封を切って飲むことが「口切《くちきり》」です。

利休は、津田宗閑に次のように伝えています。

「宇治茶については、来月の四・五日を手始めに摘むようにと、今朝上林惣三に指示して宇治から呼び寄せました。しかし、茶の詰めについては、今年は霜の害で、茶の詰めが遅れるということです。来月の十四・五日ごろに詰め茶をするであろうと思います。どうぞ堺の皆の衆に、そのことをお伝えください」という内容です。

ここでは、堺の茶人たちの宇治茶の詰めについては、茶師の上林惣三を通じて、利休が手配と世話をしていることが分かります。上林には、生涯利休が茶の詰めの指示などをしていますが、利休は、はやくもこの頃から、堺の茶人たちの茶の詰めの世話をしていることが知られます。

追而書にも、「取《とり》乱《みだれ》候《そうらい》て、何《いず》かたへも以二書状一《しよじようをもつて》不レ申候《もうさずそうろう》」（忙しくしていて、どなたにもお手紙でお知らせしておりません）、とありますので、津田宗閑を通じて、今年の茶の詰めが霜の害で例年より十日ほど遅れることを知らせてほしい、と書かれています。ここにも、宗閑一人ではなく、利休が堺の茶人たちの詰め茶の世話をしていることが分かります。

その文に続けて、「先書に申候　釣雲候壺御上《ちょううんにそうろうつぼおのぼせ》、頼申候《たのみもうしそうろう》、人足さいりようは、寒山へ被候レ仰《おおせられそうらい》て可レ然候《しかるべくそうろう》」とあります。「釣雲」という人物は、尼崎の茶人、釣雲斎ですので、文意は、「釣雲斎のもとにある茶壺もお届けください。人足たちへの駄賃は、寒山（人物不明）に仰ってくだされば結構です」ということになります。縁のある尼崎の茶人についても、利休が詰め茶の世話していたことが読み取れます。

つまり、利休は、道具などへの美的な感覚などを堺の茶人たちから高く評価されていたのみならず、宇治茶の詰め茶などの世話も上林を通じてするほどに信頼されており、茶人としての評価は高かったということが右の手紙で分かるのです。

2　茶の湯は戦国下剋上の文化

前節の手紙は、永禄年間の後半のものであろうと思われますが、その頃の堺の町の周囲に目を向けると、近畿地方の政治状況は、まさに戦国下剋上の様相を呈していました。

すでに室町幕府や足利将軍の権威は地に落ちて、応仁・文明の乱以降、幕府の実権は幕府の重職である管領家の細川氏の専制となっていました。

その細川氏も家臣として台頭した三好長慶《ながよし》（大永二〜永禄七 一五二二〜一五六四）に追われ、天文十八年（一五四九）、細川晴元《はるもと》（永正十一〜永禄八 一五一四〜一五六三）政権は崩壊し、三好長慶が近畿の覇者となります。いわゆる三好政権の成立です。

この三好長慶は、まさに戦国下剋上の時代の風雲児ともいうべき人物でした。もともと三好氏は四国阿波（徳島県）の土豪の出身でしたが、大永六年（一五二六）、長慶の父の三好元長《もとなが》（文亀元〜天文元 一五〇一〜一五三二）が細川晴元を擁して阿波で挙兵し、翌年、元長・晴元は、室町幕府第十一代将軍の足利義澄（文明十二〜永正八 一四八〇〜一五一一）の次男、足利義維《よしつな》（永正六〜天正元 一五〇九〜一五七三）を擁して堺に上陸し、「堺幕府」を立てます。[2]

堺の町は、細川氏や三好氏にとって、近畿に進出するための軍港でもあり、この町の貿易による経済力は、彼らの政権を支える重要な経済的基盤でもあったのです。

一時は、堺幕府を成立させて、京都に進出した三好元長でしたが、主人の細川晴元との対立や同族の三好政長《まさなが》（宗三《そうさん》）（永正五 一五〇八～天文十八 一五四九）との権力闘争に敗れ、堺の顕本寺で討死します。元長の子、三好長慶は、一時は晴元の家臣として活躍しますが、父の仇《かたき》に当たる三好政長を討ち、晴元を追放して近畿の覇者となるのです。そして、父の菩提を弔うために建立したのが堺の南宗寺です。南宗寺には、現在も三好一族の墓・三千家の墓・武野《たけの》紹鷗《じょうおう》の墓・津田家の墓などがあります。、南宗寺は茶の湯文化に関わりの深い禅宗寺院ですが、三好一族との繋がりで建立された寺院です。ちなみに、京都の三千家の菩提寺でもある大徳寺の塔頭、聚光院は、三好長慶の甥で、三好家の後嗣の義継《よしつぐ》（天文十八 一五四九～天正元 一五七三）が、永禄九年（一五六六）に長慶の菩提を弔うために建立した寺院です。

　このように、堺の町は、近畿の覇者となろうとする勢力にとっては、橋頭堡《きょうとうほ》ともいうべき地であり、この自治都市堺を運営する町のリーダーたち（会合衆《えごうしゅう》）は、十五世紀後半から十六世紀にかけての戦国動乱の時代には、一つの勢力に肩入れすることなく、常に近畿地方の勝者とともに繁栄するという政治的な判断力を持つ商人たちだったようです。それとともに、当時の茶の湯文化を牽引した文化的教養を身につけた人たちでした。

　茶の湯の文化は、まさにこの時代に大きな発展を遂げますが、その堺の茶の湯を改革し、町衆や戦国武将たちの文化に高めたのが、利休の師でもある武野紹鷗でした。茶の湯文化は、まさに戦国下剋上の時代が生み出した文化でもあったのです。

3　名物道具の移動の背景

さて、細川晴元の側近として権力を振るっていた三好政長を、三好長慶の軍が摂津江口（大阪市東淀川区）で討ち果たし、細川晴元政権を崩壊させたのが天文十八年（一五四九）の六月から七月にかけてでした。それ以前は、三好政長が大変な権力を振るっていたのでした。

この三好政長は、茶道史においてはむしろ三好宗三として知られ、茶人としても有名です。彼もまた堺の武野紹鷗と交流し、付藻《つくも》茄子茶入・伊勢天目・曜変天目・竹の子青磁花入などの名物を所持していたといわれます(3)。

さて、名物茶壺の「松島」も彼が所持していたようで、利休の愛弟子、山上宗二の『山上宗二記』には、次のような記載があります。

一、松島

この御壺、こぶ三十の上あり。なり、比《ころ》、土、薬、真壺《まつぼ》（中国南部産の褐釉四耳壺の茶壺）の手本なり。三ヶ月（名物茶壺）も天下無双の土薬なれども、この松島とは替《かわ》る。古人も両壺の中、数寄《すき》々《ずき》にいい伝うるなり。なりは三ヶ月が珍しきか。この壺松島と名を付くる事、奥州の名所の松島に島数おおし。面白き所なり。この壺はこぶ多きによりて松島と付くるなり。昔、三ヶ月も松島も東山殿御物なり。その後、御物等、いずれも打ち乱れ、中《なか》ごろ、この壺三好宗三《そうさん》所持。子息右衛門大夫《うえもんだゆう》（三好正勝）、紹鷗へ売り申され候。その後、宗久《そうきゅう》所持、その後、信長公へ上げ申し候。惣見院殿（織田信長）御代に火に入り（本能寺の変で消失）、失い申し候。御茶七斤上、入る。なお口伝にあり。(4)

右の記事にあるように、宗三所持の松島茶壺は、足利将軍所持から戦乱の時代に様々な人の手に移り、三好宗三所持になったということです。おそらく宗三の討死の後に、子息の三好正《まさ》勝《かつ》（天文五 一五三六～寛永八 一六三一）が紹鷗に売却し、その後、紹鷗の娘婿の今井宗久が織田信長に献上し、本能寺の変で失われたのでした。

堺の茶の湯のリーダーであった武野紹鷗は、「革屋《かわや》」という彼の屋号が暗示するように、武具の製造などに関わる仕事をしていたと伝えられていますので、当時は大変需要のある商売を営んでいたのでした。娘婿の今井宗久が鉄砲などを扱ったのも、武具製造という舅紹鷗の仕事を展開したことによるものでしょう。

宗三の討死の後には、この茶壺を子息の正勝が「紹鷗へ売り申され候」とあるように、茶の湯で親交があり豊かな経済力をもった紹鷗に、松島茶壺は売却されたのでした。

ところで宗三の子息、正勝は、父と同様に三好長慶と戦っていて、天文十八年（一五四九）には摂津の榎並《えなみ》城（大阪市城東区）で籠城していました。孤立した子息を救援しようとして父の宗三は江口城（大阪市東淀川区付近）に入りますが、味方の援軍が来ずに孤立して討死します。一方、正勝は、榎並城を脱出します。このような経緯がありますので、「子息右衛門大夫《うえもんだゆう》（三好正勝）、紹鷗へ売り申され候」という、松島茶壺の宗三所持から紹鷗への売却の背後には、子息正勝がその後の戦費を調達する必要に迫られていたという事情が推測されます。

ところで、この三好宗三と堺の武野紹鷗・津田宗達《そうたつ》との交流の一端は、『天王寺屋会記』「宗達他会記」の天文十八年二月十一日の記事に見られます。

同二月十一日朝　宗三御会　人数　紹鷗　江州源六　達

一　いるり　じようはり

一　床　船、つりて、　**天目**　**ようへん**、　**貝台**、　船之花、　金仙花《きんせんか》・柳・梅、

一　**松島壺**、後ニ出、床ニ、

一　しよえん《書院》　香炉・香箱、ほてい《布袋》居たる也、香炉ハ河原林殿之也、

　　但、口切《くちきり》　御茶　別義　薄茶　無上(5)

「宗三御会」とありますので、いかに宗三の権威がこの時高かったかが偲ばれます。そこに、紹鷗と津田宗達が招かれています。江州源六は不明ですが、近江（滋賀県）出身の商人か武将でしょうか。

床には、釣舟の花入に金仙花・柳・梅が生けられ、曜変天目の茶碗は、青貝の螺鈿が施された名物天目台に載せられて飾られています。

この曜変天目は、宗三の死の二年後、『天王寺屋会記』「宗達他会記」の天文二十年（一五五一）八月六日朝の「坩道《はどう》（坩和道祐斎）会」の記事に見られます。そこには、

一　天目　ようへん《（曜変）》也、うち《内》ニほし《（星）》有、前ハ木戸脇ニ在《あり》、其後《そののち》宗三《（三好）》ニ在(6)

とあります。津田宗達は、「其後宗三ニ在」と記していますので、この時しみじみと三好宗三の在りし日を偲んでいたのでしょう。

そして、右に引用した松島茶壺が天文十八年二月十一日の茶会の後半に床に飾られたのです。

この二日後の二月十三日の朝には、今度は紹鷗が宗三・源六・宗達・森河（堺の太鼓打、道翁か）を招き、茶会を催しています(7)。この時、紹鷗は、名物の紹鷗茄子茶入を使用しています。

宗三が討ち死にするのが、この年の六月二十四日ですので、この紹鷗との二会の茶会は、死

去する四ヶ月前のことですから、宗三の子息、正勝を介して松島茶壺が紹鷗の所持になるのは、明らかに宗三の死後で、松島茶壺の売却の背後には、三好正勝が戦費調達しなければならないという事情があったことと思われます。

例えば、右に引用した『山上宗二記』の松島茶壺の項目の直前の記事には、名物の三ヶ月《みかづき》茶壺の説明が記されています。

一、三ヶ月　この御壺、御茶七斤の上入る。
この御壺天下無双の名物なり。大きなるこぶ七つあり。前に腰袋を付けたる様なる横へ長きこぶあり。前へ少し傾きて面白きという事にて三ヶ月と付くるなり。なり（形）下《しも》ふくらにて一段の珍しき壺なり。昔、興福寺西福院所持なり。その後、日向屋《ひゅうがや》道徳所持。その後、下京《しもぎょう》袋屋所持。その後、三好実休《みよしじっきゅう》所持。一乱に河内高屋の城にて六つ破《わ》れ申し候。その後、堺、宗易にてつぎ（繕）立て、三好老衆三千貫に太子屋《たいしや》に質《しち》に置き候。太子屋より信長へ上げ申し候。われ候て後も名物の威光、なお以って益《ま》し、御茶も能く候。代は五千貫、一万貫とも積《つも》りも無き事なり。御壺の様子口伝にあり。ただし惣見院《そうけんいん》殿御代に火に入り、失い申し候。(8)

この「天下無双の名物」茶壺も、もとは足利義政《よしまさ》（永享八〜延徳二　一四三六〜一四九〇）の所持であったと伝えられていますが、村田珠光《しゅこう》に茶の湯を学んだ奈良興福寺西福院の住職弘海の所持であったようです。それが近畿の動乱の中で、奈良・京都の商人たちの所持を経て、三好実休の所持になりました。

三好実休（「義賢《よしかた》」とも）（享禄元〜永禄五　一五二八〜一五六二）は、三好長慶の弟で、三好宗三とともに三好一族の中では茶人としても有名です。彼も、兄長慶を助け、永禄三年（一五六〇）には紀伊・河内国（和歌山県・大阪府東部）の守護大名である畠山高政《はたけやまたかまさ》（大永七〜天正四　一五二七〜一五七六）に勝利して高屋城（大阪府羽曳野市古市）を奪います。熊倉功夫氏は、『山上宗二記』（岩波文庫）の脚注において「一乱に河内高屋の城にて」とあるのを、この時のことかと推測されています[9]。しかし、その二年後、永禄五年（一五六二）、畠山高政は久米田（大阪府岸和田市）の戦いで実休を討ち、高屋城を奪回していますので、「一乱に河内高屋の城にて」とあるのは、文禄五年のこととも考えられます。

ともあれ、六つに割れた三ヶ月茶入をその後利休が「つぎ立て」（修繕し）、三好の家臣たちに戻したのでしょう。それを三好家の家臣たちが「太子屋《たいしや》に質《しち》に置」いたということです。

ここにも、名物道具が移動する背景に、所持していた武将たちの戦費調達という事情があったことを推測させられます。

注目すべきは、その中で三ヶ月茶壺を利休が介在して修繕してあげているところです。永禄年間の前半において、利休は、こうした道具の修繕などの世話もしていたことが分かるのでした。

4　三好実休とその茶会

天文十八年（一五四九）、主君細川晴元を追い、同族の三好宗三を討った三好長慶を軍事面で支えていたのが、その弟であった三好実休でした。実休は、本拠地の四国でも三好氏の支配確立のため戦功を挙げ、天文十三年（一五四四）には、兄長慶に従い京都に入り、四国勢を率いて軍事的にも大変な活躍をしています。天文十五年（一五四六）までには、「豊前守」を名乗っていたようで、『天王寺屋会記』などには「豊州」などと記されます。

兄の長慶は、連歌などの文芸の資質があったようですが、実休は、堺の町衆との交わりのなかで、茶の湯に興味を持ち、茶人として大変成長したようです。

『山上宗二記』には、実休が名物道具を多く所持していたことが記されています。例えば、利休所持の「珠光茶碗」は、「宗易（利休）より千貫に三好実休へ参り候[10]」と記されており、利休から実休に譲られたようです。三好実休の交流圏に利休がすでにいたことが知られます。

また、「花入」では、「角木《つのぎ》」と呼ばれた観世《かんぜ》彦左衛門（観世宗拶）所持の胡銅花入を所持していましたが、その項目には、「昔、道陳《どうちん》目聞きにて三好実休所持なられ、観世彦左衛門に拝領させられ候[11]」とあり、武野紹鷗の茶友でもあり若き日の利休の師でもあった北向道陳《きたむきどうちん》（一五〇四《永正元》～一五六二《永禄五》）とも実休が交流していたことが分かります。

さらに、「肩衝茶入」の項では、堺の草部屋道設《くさべやどうせつ》が所持していた肩衝茶入の説明に、「昔、三好実休所持[12]」とあります。また、「珠光の小茄子」茶入には、「三好実休へ二千貫に売る。実休打死の後、本願寺寺家中、下妻大蔵法橋へ渡る。代三千貫の質なり[13]」とありますので、実休所持の珠光所持の小茄子茶入は、本願寺の坊官の下妻大蔵法橋に渡ったと記されています。特に注目すべきは、それが「代三千貫の質なり」と記されているところです。これは、実休が二千貫で入手した茶入を、下妻大蔵法橋に三千貫で預けた後、実休の討死のために「代三千貫の質」となったということです。こうした記事にも、前節の名物道具の移動の背景に戦費調達の必要性があったことを伺わせます。

山上宗二は、村田珠光以降の茶人を列挙していますが、その中にも、三好実休が「三好豊州実休、名物その数おおし[14]」と名物所持の多さを記されているのでした。珠光以降、利休の時代までの重要な茶人が列挙されていますので、引用しておきます。

一、奈良皇明寺、(称)珠光。山名殿年寄衆、松本珠報。公方御蔵《おくら》、篠《しの》香炉家。京千本《せんぼん》、道提《どうてい》。京粟田口《あわたぐち》、善法《ぜんぽう》。かんなべ一つにて一世の間、食《めし》をも茶湯を(も脱カ)するなり。身上楽しむ胸のきれいなる者とて、珠光褒美候。
和州、古市播州。数寄名人。珠光の一の弟子。名物その数所持の人なり。

南都、西福院《さいふくいん》。珠光跡目、宗珠。下京、宗悟《そうご》。京、大富善好《おおとみぜんこう》。引拙《いんせつ》、名人、名物その数多し。

藤田宗理、目聞きなり。紹鷗、始めの坊主。堺、金田や宗宅、珠光弟子。堺、竹蔵屋《たけくらや》紹滴、花の上手。堺、武野紹鷗、名人、名物六十ほどあり。堺、北向道陳、目聞き。堺、むくの宗理、こびたる覚悟、一世の間持つ人なり。堺、津田宗達、台子の厳《かざ》り、一世の楽しむ人。三好豊州、実休、名物その数おおし。

この外、数寄者も多くあるべし。(15)


名物を多く所持した三好実休は、兄の長慶とともに三好政権の重要人物でしたので、敵対していた三好宗三没後、堺の町衆は実休とも親しく交流します。

堺の町のリーダーの天王寺屋津田宗達などは、貿易などを通じて、様々な情報を持っていたでしょうから、その財力と情報の確保は、近畿の覇者たらんとする三好一族にとっては政治的にも必須のことであったのです。また、軍費や武器の調達などの商談にとって、紹鷗が改革した四畳半茶室での交流はうってつけだったと思われますし、それ故に茶席の空間は、世俗的・政治的な空間でもあったと思われます。

こうした茶の湯の世俗性・政治性について、実は、利休は嫌っていたのでした。『山上宗二記』には、茶席で触れるべきでない話題を、堺に住んだ連歌師・夢庵（牡丹花肖柏《ぼたんかしょうはく》）（嘉吉三〈一四四三〉〜大永七〈一五二七〉）の戯歌《ざれうた》で表しています。

公事の儀（政治向きの話）、世間の雑談《ぞうだん》、悉く《ことごと》無用なり。夢庵狂歌にいう。
我が仏、隣の宝、婿舅《むこしゅうと》、天下の軍《いくさ》、人の善悪《よしあし》
この歌にて分別すべし。(16)

「我が仏」というのは自分が信仰している宗派のこと、「隣の宝、婿舅《むこしゅうと》」とは近隣の人たちの経済力や閨閥《けいばつ》についてのこと、「天下の軍《いくさ》」は世界の軍事情勢、「人の善悪《よしあし》」は人物評価のことです。当時、いかにこのような話題が茶席で語られていたかが推測できるでしょう。

近畿の覇者となるには堺の町の経済力等が必要な時代ですから、堺の商人たちには戦国の武将が接近します。おそらく茶室は商談や情報交換の世俗的な交流の場になっていたことと推測できますが、利休が目指した茶室のあり方は、そうでなかったということです。

これらの話題を含めて、楽しく茶会が盛り上がることを「一座建立《いちざこんりゅう》」といいました。『山上宗二記』には、右の歌の直前に、次のようなことが書かれています。

一、客人振りの事　大方、**一座建立にあり**。条々密伝これ多し。一義、初心《しょしん》のために紹鷗語り置かるる者なり。**ただし、当時、宗易嫌われ候**(17)。

客の心得として茶席が楽しく盛り上がること、つまり「一座建立」が大切だと紹鷗は初心の人に伝えていたということですが、「ただし、当時、宗易嫌われ候」とあるように、その頃から利休は、こうした世俗間の話題で盛り上がる茶会を嫌っていたのでした。むしろ、一期一会ともいうべき厳しい真剣な出会いの空間として茶会を考えていたのです。

ここにも、利休が堺の茶人や茶会からは、いわば「異端」的な存在であったことが分かるでしょう。

利休は、「常の茶湯なりとも、路地へはいるから立つまで、一期《ご》に一度の参会の様に、亭主をしっして威《お》づべきとなり」と述べたと、右の戯歌の直前に記されているのです。

さて、話が少し横道に入りましたが、三好実休の茶会記事を見てみましょう。

三好長慶が、対立した細川晴元の側に立つ同族の三好宗三を、天文十八年（一五四九）

に江口合戦で討ち果たした後、長慶の弟実休は、旧主阿波の細川家の実権を実力で奪い、阿波・讃岐（香川県）の国人衆（新興の武士層）を味方につけ、兄長慶の政権の軍事力として組み込むという働きをしました。実休は、阿波国・讃岐国の実力者として、兄長慶を支える存在でした。

追放した細川晴元の反撃や、阿波・讃岐で敵対する勢力との戦闘を繰り広げているさなか、天文二十年（一五五一）の、『天王寺屋会記』「宗達自会記」に実休が登場します。

十一月十七日の朝会に、津田宗達は、三好実休（三好豊前守殿）たちを自邸に招いています。

同十一月十七日朝　人数　畠山式部将殿（少）　上原加賀
　　　　　　　　　　　　三好豊前守殿　岩井
　　　　　　　　　　　　十河民部大夫殿
一　床　船子絵　懸テ、文琳、四方盆ニ、
一　ダイス　平釜　桶　こうじ　杓立
一　ダイス　上ニ台天目
一　小タナニ、香炉・香箱、長盆ニ、　茶、無上　薄茶、別義ソヽリ
　　　　　　　　　　　　　　　　　　　別儀(18)

主客に記されている畠山式部将（少）は、後に第十四代将軍になる足利義栄《よしひで》（天文七 一五三八 または天文九 一五四〇～永禄十一 一五六八）につかえていた武将と思われ、畠山維広と思われます。阿波国の有力者で、上原加賀は畠山の家臣と思われます。三好豊前守が実休で、岩井は実休の家臣でしょう。十河民部大夫は、実休の弟の十河一存《そごうかずまさ》（天文元 一五三二～永禄四 一五六一）です。つまり、津田宗達は阿波国に基盤を持つ三好政権の有力な阿波衆を招いたのです。この四日後の二十一日に宗達は、長慶の家臣たちを招いています(19)。

三好長慶一族が近畿の覇者となった時、堺のリーダーの津田宗達は、彼らと親交を結んでいるのですから、茶席の話題は先述の利休が使った戯歌での「天下の軍《いくさ》、人の善悪《よしあし》」であったろうと容易に推測されるでしょう。

『天王寺屋会記』「宗達他会記」に目を移しますと、右の記事の翌月、十二月五日に、堺のリーダーの一人、万代屋道安《もずやどうあん》が宗達とともに「三入《さんにゅう》」という人物を加えて招いています(20)。「三入」は不明ですが、利休の娘婿千少庵の父が「宮王三郎三入」ですから、その可能性があるかもしれません。それより以前の天文十八年の正月二十三日の「宗達自会記」には、「宮王三郎」も能楽師たちとともに宗達に招かれていますから(21)、その可能性は大きいかと思われます。

また、この翌日、天文二十年十二月六日にも、堺の赤根屋宗左がほぼ同じメンバーを招いており(22)、堺のリーダーたちと三好政権との結びつきが深まっていく様子がうかがわれます。

この後、弘治二年（一五五六）の「宗達他会記」には、「辰十一月二十一日罷立《まかりたち》、同二十八日ニ阿州（阿波）へ着申候《つきもうしそうろう》、同日ニ豊州（三好実休）へ御礼参《おれいまいり》、茶屋ニ而暮候《てくれそうろう》まで御物語承候《うけたまわりそうろう》」(23)とありますので、宗達自らが阿波に赴いて三好実休と親しく話を交わしています。「御礼参《おれいまいり》」とありますから、何らかの商いの御礼なのでしょうか。

『今井宗久茶湯日記抜書』には、この二年後の弘治四年（永禄元 一五五八）正月五日の記事に、

正月五日朝　物外軒（三好実休）御会　　道陳　宗易　宗久
一　イロリ　平釜、五トクニ、
一　床　開山墨跡、肩ツキ、四方盆ニ、
一　水サシ《浅茅》　カエリ《帰》花、アカヾネ、　珠光茶ワン《碗》
一　アサチ茶杓、珠トク、水下　ボウノサキ《棒の先》(24)

と、北向道陳に相伴して、利休（宗易）と今井宗久が実休の茶会に招かれています。

『今井宗久茶湯日記抜書』は、元々あった原本はなく、江戸中期の表千家の茶人であった多田宗菊（寛文十一 一六七一～宝暦八 一七五八）の蔵本を、江戸後期の表千家の茶人である稲垣休叟《いながききゅうそう》（明和七 一七七〇～文政二 一八一九）が文政三年（一八二〇）に抜粋し、さらにその後に書写が繰り返されていますので、にわかに

記事が事実と判定できないのですが、もし右記の記事が正しいとすれば、実休の茶会に利休も招かれていたといえます。

興味深いのは、実休が「珠光茶ワン《碗》」を用いているところです。すでに述べたように、『山上宗二記』に珠光茶碗の一つが「宗易（利休）より千貫に三好実休へ参り候」と記されています。そうすると、この茶会は、利休（宗易）から到来した珠光茶碗を使った、この日の客である利休への答礼の意味もあるかと思われます。とすると、実休は単に荒々しい武将だけではなく、また名物収集を自己目的にするような茶人でもなく、客をいかにもてなすかといった心を持った武将茶人であったと想像できるのです。

この弘治四年（一五五八）の『天王寺屋会記』「宗達自会記」には、実休関連の記事が散見されます。十二月十五日には、「同十二月十五日昼　上原常世持参也、実休かたつき《肩衝》見申候、薬一色也、なたれ一すちアリ、あめ色なる薬也、土あかし」[25]と、「上原常世」なる人物が「実休かたつき《肩衝》」を持参し、その見分を記しています。おそらく、上原が実休から頼まれて、宗達に肩衝茶入を見せて鑑定してもらったのではないでしょうか。実休が道具への美意識を持った茶人でもあったことを伺わせます。

永禄二年（一五五九）三月二十五日の「宗達他会記」には、宗達の弟、津田道叱《どうしつ》（生没年不詳）が宗達を招いていますが、その記事は次のような内容です。

同三月二十五日朝　道叱会　達　雲　巴

一　じょうはり、小板ニ、手桶、後ニ、

一　床　定家色紙　　茶、豊州《〔三好実休〕》ヨリ、別義・ソヽリ也[26]、

右に「茶、豊州《〔三好実休〕》ヨリ、別義・ソヽリ也」とあるように、その日の茶は、実休が届けてくれた「別義・ソヽリ」（茶の等級。別義は上製、そそりはその下の格）でした。ここにも、実休と堺衆との交流が親密で、実休の茶人としての資質が想像できるのです。

荒武者が堺の茶と出会うことによって、茶人として成長していることが分かります。

しかし、実休は、永禄五年（一五六二）、久米田の戦いで壮絶な討死を遂げるのでした（次頁図5・6）。

図５　南宗寺の三好一族の墓（撮影筆者）

図６　大阪府岸和田市久米田の三好
実休戦没の碑と墓（撮影筆者）

【註】

（1）小松茂美『利休の手紙』小学館、一九八五年、第九号書簡。
（2）今谷明『戦国三好一族　天下に号令した戦国大名』洋泉社MC選書、二〇〇七年、八〇〜八六頁。
（3）林家辰三郎ほか編『角川茶道大事典』角川書店、一九九〇年、一三二〇頁。
（4）熊倉功夫校注『山上宗二記　付茶話指月集』岩波文庫、二〇〇六年、一七〜一八頁。
（5）『天王寺屋会記』「宗達他会記」（千宗室ほか編『茶道古典全集　第七巻』淡交新社、一九五九年）天文十八年二月十一日の条。
（6）同註（5）天文二十年八月六日の条。
（7）同註（5）天文十八年二月十三日の条。
（8）同註（4）一六頁。
（9）同前。
（10）同註（4）三三頁。
（11）同註（4）六七〜六八頁。
（12）同註（4）七二頁。
（13）同註（4）八一〜八三頁。
（14）同註（4）一〇一〜一〇二頁。
（15）同前。
（16）同註（4）九五頁。
（17）同註（4）九四〜九五頁。

(18)『天王寺屋会記』「宗達自会記」(千宗室ほか編『茶道古典全集　第八巻』淡交新社、一九五九年)天文二十年十一月十七日の条。
(19)同註(18)天文二十年十一月二十一日の条。
(20)『天王寺屋会記』「宗達他会記」(千宗室ほか編『茶道古典全集　第七巻』淡交新社、一九五九年)天文二十年十二月五日の条。
(21)同註(18)天文十八年正月二十三日の条。
(22)同註(20)天文二十年十二月六日の条。
(23)同註(18)弘治二年辰十一月二十一日の条。
(24)『今井宗久茶湯日記抜書』(千宗室ほか編『茶道古典全集　第十巻』淡交新社、一九六一年)弘治四年正月五日の条。
(25)同註(18)弘治四年十二月十五日の条。
(26)同註(5)永禄二年三月二十五日の条。

第三章

三好一族の興亡と松永久秀

1　三好長慶の死去と三好政権の瓦解

前章では、三好一族の畿内支配の歴史の中で、三好宗三《そうさん》・三好実休《じっきゅう》という武将茶人についてお話ししました。この二人は、茶道史で著名な人物なだけではなく、戦国下剋上の時代においても、重要な人物でしたが、茶道史と政治史とを複合的に眺める視点がなかったので、それぞれ別人のように語られてきたようです。しかし、歴史を動かす底流に、茶の湯文化が確かに存在していたのです。

ここで、もう一度簡単に三好政権の浮沈を概観してお話を進めましょう。

すでに述べたように、三好一族の長であった三好長慶《ながよし》は、当初、細川晴元《はるもと》の家臣でしたが、天文十八年（一五四九）晴元を追い、翌年には対立した第十三代将軍足利義輝《よしてる》（天文五一五三六〜永禄八一五六五）と戦い、将軍をも近江に追いやって、三好政権を畿内で樹立します。この長慶の軍事活動を支えていたのが、前章でも述べました長慶の弟、三好実休でした。

三好長慶は、一時は近畿の覇者となりましたが、将軍義輝との講和や再度の対立などの権力闘争を繰り返す中で、永禄五年（一五六二）に弟の実休を失い、翌年には嫡子義興《よしおき》（天文十一一五四二〜永禄六一五六三）に先立たれます。

この頃から、長慶は気力を失ったのか、長慶の三好政権は瓦解《がかい》が始まります。そして、翌永禄七年（一五六四）には、三好一族の中での最も重要な人物であった安宅冬康《あたぎふゆやす》（生年不詳～永禄七〈一五六四〉）を、兄の長慶が殺害するという事件が起こります。

弟の安宅冬康を殺害した背景は、今もよく分かっていませんが、三好実休の死去、嫡子義興の早世という悲劇が続く中で、長慶の判断力も弱ったのかも知れません。安宅冬康殺害の二ヶ月後、長慶は病死します。

さて、長慶の死去の後は、長慶の嫡子義興が早世していましたので、長慶のもう一人の弟、十河一存《そごうかずまさ》の子であった義継《よしつぐ》が三好家の後嗣《こうし》となりました。そして、三好三人衆と呼ばれた三好家の重臣、三好長逸《ながゆき》（生没年不詳）・三好政康《まさやす》（「釣竿斎《ちようかんさい》　宗渭《そうい》」とも）（生没年不詳）・岩成友通《ともみち》（生年不詳～天正元〈一五七三〉）の三人と、三好長慶に仕え三好家の重臣にのし上がった松永弾正久秀《まつながだんじようひさひで》（永正七〈一五一〇〉～天正五〈一五七七〉「弾正」は、かつての律令制で京内の非違を糾弾し、官人の綱紀粛正を司った役所名）とが三好家の後嗣義継を後見して三好政権を支えることになったのでした。

ちなみに、茶道史の中では、右の三好政康と松永久秀の二人は、戦国下剋上の時代を生きた武将茶人としても著名です。

さて、長慶亡き後、三好三人衆と松永久秀は、永禄八年（一五六五）、三好政権の宿敵でもあった将軍義輝をついに暗殺します。しかし、室町幕府を滅ぼすという下剋上にまでは至らず、かつて堺公方と呼ばれた足利義維《よしつな》の子息、義栄《よしひで》を擁立します。このことは、幕府の将軍を討ち果たしても、彼らは、いまだに室町将軍を頂点とする世界観を変革することがなかったことを意味していました。

下剋上の時代とはいえ当時の武家たちが室町幕府体制の世界観に囚われていたことを示しているでしょう。鎌倉・室町時代を通じて、将軍が支配する社会というのが、武家たちの世界観で、それを打ち破る世界観を生み出すのは、織田信長の登場を待たねばならなかったのです。

こうして、足利義栄を擁立して、三好家の後嗣義継を支えて、長慶亡き後の三好政権を維持しようとした三好三人衆と松永久秀たちでしたが、両者は内部対立を起こし、三好三人衆と松永久秀が戦いを繰り返すことになり、畿内は再び混乱の時代になります。

永禄十年（一五六七）、松永久秀の拠点でもあった奈良が三好三人衆と久秀との合戦の場所となった時に、東大寺までが戦火にまみれて炎上してしまいます。しかも、東大寺大仏殿が焼亡するという大事件となります。

これは、松永久秀の所業のように後代伝えられますが、どうも三好三人衆の側の失火が原因だといわれています(1)。

こうして、三好三人衆と松永久秀との対立と合戦の繰り返しの中で、かつて殺害された将軍義輝の弟である足利義昭《よしあき》を奉じた織田信長の上洛ということになり、三好一族の時代は、信長の上洛により消滅するのでした。

かって三好長慶の曾祖父（祖父とも）の三好之長《ゆきなが》（長禄二 一四五八〜永正十七 一五二〇）が細川澄元《すみもと》（延徳元 一四八九〜永正十七 一五二〇）の被官として阿波国から身を興し京都で頭角を現して以来、細川晴元を擁し、足利義維を奉じて堺幕府を成立させた三好元長《もとなが》、そして細川晴元・将軍義輝を追い三好政権を樹立させた長慶というように、三好一族の台頭と、長慶の死去による一族の瓦解と凋落の歴史は、まさに戦国下剋上時代の畿内の激動の歴史でした[2]。

その背後には、三好一族と堺の町衆との深い結びつきがあり、同時にまた茶の湯形成史の舞台でもあったのでした。

2 松永久秀の台頭

松永久秀は、三好長慶の家臣としてこの時代に頭角を現した武将茶人です。ただ、上下関係や身分制度が確立した江戸時代に入りますと、彼は下剋上の悪人として伝承されました。

例えば、江戸時代、岡山藩主池田氏に仕えた儒学者の湯浅常山《じょうざん》（宝永五 一七〇八〜安永十 一七八一）が編集した『常山《じょうざん》紀《き》談《だん》』（本文の成立は元文四 一七三九、完成明和七 一七七〇）という戦国武将たちの逸話を集めた書物に、次のような伝承があります。

織田信長が臣従した松永久秀を徳川家康（天文十一 一五四二〜元和二 一六一六）に紹介した時の逸話です。

東照宮（徳川家康）、信長に御対面の時、松永弾正久秀、側《かたえ》に在《あ》り。信長、「此《こ》の老翁は、世人《よのひと》の為《な》し難き事三つ成したる者なり。将軍（足利義輝）を弑《しい》し奉り、又己《おの》が主君の三好（長慶）を殺し、南都の大仏殿を焚《や》きたる松永と申す者なり」と申されしに、松永、汗を流して赤面せり(3)。

家康が信長に対面している時、松永久秀がそばに控えていたのでした。信長は、家康に久秀を紹介します。「この老人は、世間の人がなすことのできぬことを三つもした男です。将軍義輝を殺し、自分の主人の三好長慶を殺し、奈良の大仏殿を焼亡させた松永という者ですよ」と言ったのでした。松永久秀は、汗を流して赤面したということです。

右の逸話は、久秀にとってはまさに歴史的冤罪《えんざい》でしょう。将軍義輝殺害は、三好三人衆と松永久秀の嫡男久通《ひさみち》（天文十二一五四三～天正五一五七七）が実行犯でした。また、三好長慶は病死ですし、先述したように大仏殿を焼いたのは久秀ではなく、敵対した三人衆側の失火ということです。久秀の名誉のためにも、冤罪はここで晴らしておきましょう。

しかし、このような下剋上の武将・悪人久秀というイメージが成立したのは、彼が三好一族からは外様の立場にもかかわらず、三好長慶政権の中枢に台頭したことや、信長に臣従した後も再度反乱を起こして、信貴山城で信長軍に滅ぼされたという、劇的な経歴のためでしょう。

激動の時代を生き抜いた久秀の生涯は、まさにそのような人物像として伝承される要因があったのです。

ところが、史実における松永久秀は、優秀な武将であるとともに、大変教養のある人物で、特に茶の湯については茶人としても優れていて文武両道の人でした。今谷明氏の研究(4)を参考にして、久秀が茶会記に登場してくる頃までを、簡単にまとめてみましょう。

まず、松永久秀の出自は不明です。彼は、三好長慶が細川晴元の家臣となった天文年間（一五三二〜一五五四）の初め頃には、長慶の右筆《ゆうひつ》（武家の職名で、主人の発給する文書などを書くことを司った人）として仕えたようですので、文筆の才には恵まれていたと思われます。おそらく、若い頃には、室町幕府に仕えた文官的な経歴があったかと、私は想像しています。

久秀が史資料に現れるのは、天文九年（一五四〇）頃ですが、同十一年の長慶が河内の太平寺で合戦をした特には、長慶麾下《きか》の武将として軍事にも関わっていたようです。

天文十八年（一五四九）、長慶が主家の細川晴元政権を崩壊させた頃には、長慶の側近として官僚的な役割も果たしていたようですし、同二十年（一五五一）久秀は相国寺の戦いでも武将として活躍しています。

三好長慶が将軍義輝を朽木（滋賀県西部）に追い、京都支配を始めた同二十二年（一五五三）頃には、三好政権の右筆兼司令官として長慶の側近になっていたようです。

この年の九月には、久秀の弟松永長頼《ながより》（生年不詳〜永禄八 一五六五）が丹波（京都府・兵庫県・大阪府にまたがる地域）の八木城（京都府南丹市）城主となり、三好氏の丹波支配が始まりますので、三好政権の興隆期には、松永久秀・長頼兄弟は、三好政権の中枢に参画していたのでしょう。この三年後の弘治二年（一五五六）、久秀も初めて摂津滝山城（神戸市中央区）主となり、摂津国の西、半国の軍政を委ねられたのでした。

3　茶会記に登場した松永久秀

このように、松永久秀の三好政権内での台頭は、十六世紀の中頃からですが、三好一族は、阿波・淡路を拠点にしていましたから、近畿に進出する時には、貿易都市・軍港都市でもあった堺から上陸します。前章でも触れましたが、堺の町は三好氏にとっては畿内進出の橋頭堡《きょうとうほ》のような港町でしたから、三好氏と堺の町衆との親交は親密なものがありました。

天文二十一年（一五五二）、三好長慶は、将軍義輝と一時的に和睦し、いったん将軍の御供衆となりましたが、その和議も翌年には破綻して両者は再び戦い、同二十二年（一五五三）には義輝の霊山城（京都市東山区）も落ち、義輝は朽木に逃亡します。

この長慶の京都支配が始まる翌天文二十三年（一五五四）、『今井宗久茶湯日記抜書』を見ますと、武野《たけの》紹鷗《じょうおう》が京都の大黒庵（京都市四条室町）で松永久秀を招いている記事があります。

『今井宗久茶湯日記抜書』は、二章でも述べたように、後代の編集・抜粋であるので、「なお内容検討の余地がある」(5)というものですから、慎重に読む必要はある茶道史資料です。ともあれ、その記事を見てみましょう。

天文二十三年甲寅《きのえとら》年
正月二十八日朝　大黒庵ニテ紹鷗〔武野〕老御会　　松永殿　宗久〔今井〕
一　イロリ　ジヨウハリ、クサリニテ、
一　床　**虚堂墨跡**、初ヨリカケテ、前ニ**松島ノ大壺**　手水ノ間ニ、墨跡巻テ、
一　床　**古胴花瓶**、長盆ニ、　白椿生テ、
一　水サシ　**信楽**　**珠徳茶杓**　**茄子《なす》茶入**
一　天目ニ道具仕入テ、　メンツウ（曲げの建水）、　引切（竹の蓋置き）
……（中略）……
料理
本膳　木具足打（足の付いたお膳）　黒ワン
一　皿ニ鮭焼テ、　汁　クヽタチ
一　ツホ皿ニ、小鳥タヽキテ、ミソヤキ、　飯

二（二の膳）　木具足打

一　イリコブ《煎り昆布》　香ノ物　イモ《芋》ノアツメ汁

一　菓子　白アンモチ　牛房《ごぼう》、ニシメテ、(6)

茶道史研究者の桑田忠親氏が、松永久秀のことを「泉州堺の大茶匠武野紹鷗門下の数寄大名」(7)と述べていますが、「武野紹鷗門下」という位置づけは、右の記事を念頭に置いていたのかも知れません。しかし、現在のように教える・学ぶといった茶の湯の師匠と弟子といった関係の時代ではないですので、「門下」という言葉は、今では正確ではないでしょう。松永久秀は、三好長慶の側近時代には茶の湯の教養を身につけていたでしょう。すでに茶の湯は、戦国武将の必修科目のようなものだったかもしれません。今日のように、師匠の所にかよって学ぶといったものではなかったのです。

松永久秀と相伴で参会しているのは、紹鷗の娘婿の今井宗久《そうきゅう》です。前章でも触れましたが、紹鷗も宗久も武具の製造に関わる生業《なりわい》、現代的にいえば軍需産業を営んでいましたから、三好長慶が京都支配を始めた翌年に、紹鷗が京都の大黒庵で長慶側近の久秀を招いているのは、商売上の取引や政治状況の情報交換の目的もあったかも知れません。この会の話題には、おそらく前章で触れた「天下の軍」の話題もあったと考えるのが自然でしょう。

さて、茶室には、炉に常張釜《じょうはりがま》が鎖で釣られ、床には、南宋末期の臨済宗の僧である虚堂智愚《きどうちぐ》の「虚堂墨跡」が掛けられ、名物茶壺の松島が飾られています。

後座には、掛け軸を巻いて古銅の花入に白い椿を生けて飾られました。松島の茶壺は、前章でも述べました東山御物《ひがしやまごもつ》（足利将軍家の宝物）で、三好宗三から宗三の子息を経て、紹鷗にもたらされたものでした。

水指は、紹鷗が見立てた信楽の水指（おそらく鬼桶《おにおけ》水指。もとは染め物の染料の容器）、朱徳（珠光《しゅこう》の時代の茶杓削り師）の茶杓（次頁図7）に紹鷗茄子の茶入が使われています。

料理についても記されていますが、二の膳まで出た本膳料理（当時の豪華な供宴料理）のようです。三の膳以上出される大名の本格的な本膳料理よりは数少なにしているようですので、後に利休が一汁三菜に料理を簡素化する前の姿のようにも思われ、興味深いものです。

茶室は、道具から推察して、いわゆる紹鷗四畳半の茶室でしょう。『山上宗二記』にも大黒庵の紹鷗四畳半の図があります[8]。

ここで大切なことは、三好長慶の側近として台頭した松永久秀は、ただの荒々しい武将でなく、右筆などの文化的経歴も背景にあったからか、紹鷗が使っていた道具の取り合わせや、客へのもてなしの心を汲み取ることのできる感覚の持ち主であったということです。ちょうど同じ頃、前章で触れた三好実休も茶の湯に親しんでいましたから、三好一族ではなくとも、久秀も茶の湯への思いは持っていたのでしょう。そして、茶人としてのセンスを持ち合わせていたと思われます。
　そのような意味では、確かに久秀の武将茶人としての出発点は、紹鷗との交流から生み出されたのかも知れません。

図7　朱徳形牙茶杓
覚々斎筒書（個人蔵）

4　堺の町衆と松永久秀の数寄心

　さて、右の天文二十三年（一五五四）の紹鷗の大黒庵での茶会の四年後、弘治四年（永禄元 一五五八）九月十五日には、堺の津田宗達《そうたつ》が今井宗久の茶会に招かれました。その記事を見てみましょう。

　同九月十五日昼　宗久〔今井〕所　　開　折〔宗折〕　達　閑
一　小板ニ　じょうはり（常張釜）、道悦《どうえつ》（大坂の商人）じょうハり也、木つるべ
　台　松長〔永〕殿へ参候時〔マヽ〕、こうらい〔高麗〕茶碗、茶タツ(9)、

紹鷗の死後三年経っていますので、宗久が紹鷗の跡目を嗣いでいたのでしょう。「開」とあるのは人物不明ですが、津田宗達は、弟の津田宗閑《そうかん》、大坂の商人の宗折たちと宗久の屋敷で茶を呼ばれています。常張釜は、大黒庵で紹鷗が使ったものでしょうか。「道悦《どうえつ》じようハり也」とありますので、また別のものかもしれません。木地の釣瓶《つるべ》の水指は、利休好みと伝えられていますが、紹鷗の好みでできた見立てのものでしょう。

さて、注目すべきは、天目台について「松長《(永)》殿へ参候時《(マヽ)》」との記述があるところです。これは、「(以前に)松永久秀殿の所へ参った時に見たことがある」という意味でしょう。

つまり、松永久秀が以前所持していた天目台が今井宗久の所持になっているということで、二人の間での道具の継承過程について、その事情は不明ですが、松永久秀と宗久とがこの頃すでに親しい関係にあったことを推測させます。想像をたくましくすれば、松永久秀が戦費を調達するために、今井宗久に売却した茶道具類の中にこの天目台があったのかもしれません。また、『天王寺屋会記』「宗達他会記」ではこの記事が松永久秀の初出ですが、「松長《(永)》殿へ参候時《(マヽ)》」とありますので、津田宗達もこの年以前に久秀と親交を結んでいたことが分かります。

つまり、松永久秀は、三好長慶が将軍義輝と戦いを繰り返す中で頭角を現す一方、堺の津田宗達や武野紹鷗・今井宗久たちと交流し、武将としての力量を高めつつ、茶の湯という文化も身につけるという文化人的な成長を遂げていたようです。

永禄三年（一五六〇）には、松永久秀は、前年八月頃から大和国（奈良県）に転戦して、筒井順慶や興福寺の勢力と戦い、この年には大和国を統一します。朝廷からは、弾正少弼《だんじょうしょうひつ》に任じられます。久秀は、十一月にはそれまでの拠点であった滝山城から大和国の信貴山城（奈良県平群町）に移ります。

左の記事は、拠点を信貴山に移す前ではありますが、すでに手中にした信貴山城での茶会記かと思われます。

同二月二十五日朝　松永殿御会　五ツ半時前 四ツ之後ニ罷立、

一　床　なすび、つくも（九十九髪）、四方盆ニ、袋白地《うすかう》金蘭、アサギ尾（緒）、

一　小板ニてどり（手取《てどり》釜。注ぎ口の付いた鉄瓶の祖型のような釜）、ごとく（五徳）ニ、

一　台天目、てどりトならべて、二ツ置之様ニ

……（中略）……

手桶（水指）　わけ（曲）水こほし　ゴトク（蓋置）

珠徳茶杓　高ちう（中）茶椀　御茶ヨシ、[10]

この頃には、「松永殿御会」と記されているように、松永久秀の地位も大和国の支配者の如くに記されていますので、三好政権において、久秀はその中心的な武将となっていたことがうかがわれます。

注目すべきは、床に「つくも茄子茶入」が四方盆に据えられていたことです。宗達は、細々とこの付藻茄子の姿を右の中略の部分に記録していますが、この茶入は、侘び茶の祖・村田珠光の所持であったものです。

『山上宗二記』には、この茶壺の不思議な伝来が記されています。

> 一、つくも茄子　惣見院殿（織田信長）御代に京本能寺にて火に入り失うなり。内赤の盆にすわる。きんらん（金襴）袋なり。この壺、珠光見出《みいだ》され、御物《ごもつ》になり候。その後、方々へ伝わり、越前朝倉太良左衛門（朝倉宗滴《そうてき》）五百貫に所持候。また同国府中、小袖屋、千貫に申し請け候。国の一乱に京袋屋に預け候処に、京の法華衆乱に失い候とて出でず候。**松永、分別をもって取り出《いだ》し、二十ヶ年所持**。後、信長公へ進上候。今はこれ無き物に候と雖も、雑談《ぞうだん》にして注し畢《おわ》んぬ。つくもがみの儀は、土、薬、なり、比、口作り、古人天下一の名物と申し伝え候。[11]

右のように、付藻茄子茶入は、珠光が見出したもの（掘り出し物）で、将軍足利義政の宝物、つまり東山御物となり、その後方々に伝来しましたが、越前（福井県北部）の朝倉氏から越前の商人小袖屋に伝来し、その頃千貫もの高値がついていたようです。越前国の騒乱で京都の袋屋に預けていたのですが、京都の法華宗の乱によって、付藻茄子は行方不明になったのでした。それを、「松永、分別をもって取り出《いだ》し」とありますから、松永久秀が掘り出したのです。久秀が信長に臣従した時、信長に献上され、本能寺の変で焼失したことが分かります。

ただし、『山上宗二記』には、右のように伝えられていますが、『角川茶道大事典』によれば、足利義満・山名政豊・村田珠光・三好宗三・朝倉宗滴（教景《のりかげ》）（文明六〜弘治元 一四七四〜一五五五）・小袖屋某・松永久秀・織田信長・豊臣秀吉・徳川家康・藤重藤元《とうげん》・岩崎弥之郎と、そうそうたる人々の手を伝来したものと記されています(12)。

この茶入は、『今井宗久茶湯日記抜書』には、この二年前の弘治四年（永禄元 一五五八）の九月の記事に、

同九月九日昼　松永殿御会　道陳（北向道陳）　宗久　宗二
一　床　ツクモ（作物）茄子、四方盆ニ、手水ノ間ニ取リテ、
一　床　ソロリ、白菊生テ、　一小板　風炉　手取釜
一　台天目　手桶　珠徳茶杓　合子　フタオキ　五トク

一　ツクモ茄子、高二寸三分半、胴二寸三分半、口一寸、
　底一寸、袋カントウ、緒アサギ、(13)

と出てきますので、永禄元年には、久秀はこの名物茶入を入手していたようです。おそらく天文年間の末から弘治年間の合戦に明け暮れる日々、久秀は名物茶入を見出していたのですから、茶人としての資質の高さが忍ばれるでしょう。この茶会に、山上宗二《やまのうえのそうじ》も参会していますので、右の『山上宗二記』の記事は、この時の経験と記憶をもとに書かれたものかも知れません。

5　平蜘蛛釜と煙寺晩鐘

永禄六年（一五六三）、この年は、久秀の主である三好長慶の嫡男、義興が八月に病死して、長慶の甥、義継が三好家の家督を継いだ年です。久秀の三好家内での地位が大変高くなっていた時ですが、その十一月に久秀は、奈良の多聞山《たもんざん》城（奈良市法蓮町）と思われますが、津田宗達・今井宗久・若狭屋宗可を招いて茶会をしています。その記事を見てみましょう。

　同十一月五日朝　松永霜台（弾正台の唐名）御会　人数　達　久〔宗久〕　可〔宗可〕
一　六帖敷ニ而、ダイス　平釜《ひらくも》　水指《えふこ》　合子　筒柄杓立　箸指テ、

一　床　えんざなすび《円座茄子》、四方盆ニ、袋カントウ……（中略）……
一　床　絵懸、茶之前ニ、えんじばんしょう《遠寺晩鐘》、
　　たゞ天目、くろ台、三色入テ、
　　ふたおき　ほや《火舎》　薄茶ナシ、　御引ニ吉野紙百束給候(14)、

三人の客の前に「人数」とあるのは、今でいうところの大寄せの茶会のような「参加者が多かった」という意味です。おそらく、「ひとあまた」と読むべきだと思います。ということは、宗達・宗久・宗可がこの茶会を手伝っており、最後に松永久秀が彼らをねぎらって席を持ったと思われます。

この茶会で注目すべきは、平蜘蛛釜が用いられているところです。この釜は、平たい形で、蜘蛛が這いつくばったような形にみえることから、そのように呼ばれた釜です（図8）。

久秀は、この釜にはよほど執着していたようで、信長に反乱を起こして滅ぼされる時にも、この釜を差し出せば命は助けようという信長からの申し出を断って、釜とともに滅んだという伝承があります。

この平蜘蛛釜は、名物の釜で、『山上宗二記』にも、

図８　平蜘蛛釜（九州国立博物館所蔵）

一、平雲《ひらくも》　松永代に失い候なり。
宗達平釜、藤波平釜二つ、信長公御代に失うなり。
ただし、この三つの釜は当世はありても用いず(15)。

と記されています。「平雲」（平蜘蛛）は平釜の中でも、最も評価されたのでしょう。あとの宗達平釜・藤波平釜の二つが「信長公御代に失うなり」（本能寺の変で失われたの意）とありますので、信長は、宗達と藤波の平釜の二つを所持して、松永の平蜘蛛釜はついに入手できなかったのでした。ここにも、松永久秀の茶の湯道具への見識・眼力がうかがえます。ただし、山上宗二は、「この三つの釜は当世はありても用いず」とありますので、利休の時代には用いられることが少なくなっていたようです。

この永禄六年の正月十一日には、『松屋会記』「久政茶会記」に、久政が多聞山城に招かれた会記がありますが、その記事にも、床には付藻茄子茶入が飾られ、大変盛大な様子が記されています。しかも、その床に飾られた絵は、玉澗《ぎょくかん》の煙寺晩鐘《えんじばんしょう》でした。

作者の玉澗は、宋末から元初期の詩画僧で、日本では牧谿《もっけい》とともに最も評価される画僧の一人です。この絵も、『山上宗二記』に、

一、煙寺晩鐘《えんじばんしょう》　関白様にあり。

この一軸、八幅の内、頂上名物か。数寄道具なり。(16)

と記されている通り、後には豊臣秀吉の所蔵となる、まさに「頂上名物」でした。

また、この茶会では、料理に「本膳・二ノ膳・三ノ膳」まで出されており、まさに大和の支配者たる彼の財力と権勢も感じられるものです。大名茶人ともいえるような、久秀の茶人としての成長を伺わせます。

6　利休も招かれた多聞山城茶会

さて、永禄八年（一五六五）の正月にも、久秀は、多聞山城で、堺の商人松江隆仙（生没年不詳）

と宗易（利休）、松屋久政、若狭屋宗可を招いて茶会を持っています。利休が久秀に招かれた最初の茶会であろうかと思われます。利休は、四十四歳ですので、堺の町では道具の目利きに長けた茶人として一目置かれる存在になりつつある頃でしょう。

その茶会記事を見てみましょう。

正月二十九日
一　於多門山霜台〔松永久秀〕御茶湯　　堺隆専　**宗易（利休）**　久政　末座ニ宗可
　　宗可御茶被立候《たてられそうろう》、
　北向四畳半、左勝手カツテ《勝手》、
御飾、軸ハジレニ**ツクモ**〔付物茄子〕　真釜、鎖ニテツリテ、象牙茶杓　水建《みずこぼし》ハ　マサノ曲物《まげもの》、内真ニ塗ル、
御茶ハ森別儀也、カツテ〔勝手〕ヨリ、台天目出サレ候、薄茶ハ無上、ヤロウ《薬籠》（中次）・高中《こうちゅう》（高麗茶碗の一種か）[17]、……（以下略）……

ここでも、付藻茄子茶入が飾られています。茶は、宇治の茶匠森から届けられた別義で、薄茶は無上、すなわち最高級の宇治茶を用いていました。

松永久秀がいかにこの付藻茄子を愛用していたかが会記の記事からよく分かります。この時、利休も目を凝らして付藻茄子茶入を眺めていたに違いありません。

そのことを想像させる逸話があります。それは、利休の逸話集の『茶話指月集』で、信長の名物狩りの逸話です。その逸話に、編者の久須美疎安《くすみそあん》が付け足した附言があります。引用してみましょう。

附《つけたり》

信長公へ、宗易（利休）、此の肩衝御挨拶申す耳《のみ》にあらず。是より向《サキ》、公（信長）、作物《ツクモ》の御茶入の袋を易（利休）へ仰付られし時、「此作物の記を、相国寺惟高和尚書たりしと聞く、汝《ナンチ》知ずや」と宣《ノタマ》えば、「さん候、松永弾正、茶の会席《セキ》にて一覧申つるが、天正五年の乱に、信貴《シキノ》の城に於て、焼失仕。其の写、堺に御座候」とて、取寄せ差上《サシアゲ》侍る。[18]

信長から、付藻茄子茶入の袋を作るように利休に仰せがあった時、ついでに信長が尋ねました。「この付藻茄子茶入の書き物を相国寺の惟高和尚が聞いたということだ。おまえは、その付藻茄子の書き物のことを知らぬか」と。利休は、即座に答えました。「そうでございますね。松永弾正久秀の茶会で、一度見たことがございます。しかし、天正五年の信貴山城での合戦で、その書は焼けてしまいました。しかし、その写しが堺にございます」といって、取り寄せて信長に差し上げた、ということです。

利休が「松永弾正、茶の会席《セキ》にて一覧申つる」と信長に答えた茶会が、おそらく右の正月二十九日の茶会だったと推測されます。名物を拝見し、それに関する書物を知り、その写しの所蔵先も知っていたのですから、当時、堺の茶人たちの中でも、道具に対する興味と豊富な知識を、利休はよく知っていたことを知らされる逸話です。

ところで、この章の2節で、江戸時代に入って、松永久秀が反逆の人・悪逆の人として伝えられたことを述べましたが、松永久秀の信貴山城での最期の有様を伝える江戸時代初期の伝承を一つ紹介しておきましょう（図9）。

図9　信貴山城跡の碑（撮影筆者）

信貴山城に籠城した久秀が、平蜘蛛釜とともに自害する面白い逸話です。これは、表千家の久田家三代目で、千宗旦《そうたん》の外孫である久田宗全（生保四～宝永四 一六四七～一七〇七）が書写した逸話集（表千家蔵「茶の湯逸話集」）に記されたものです。

一、松永弾正、平くも釜所持、信長御もらい《貰い》候え共、「もらい様あし《悪》き」とて不進候《まいらせずそうろう》ニより、「せめて《攻め》とれ」とて、城せめらる、其時《そのとき》城ノやぐら《櫓》よりけつこう成《結構なる》よぎふとん《夜着布団》ニ名物道具ツヽミ《包み》、女ノきんらん《金襴》の帯をいくつもつぎ《継ぎ》候て、やぐら成《より》目録をいだし《そえ》、下へさけ《下げ》、「名物之道具、めつする《滅する》事有間敷事《あるまじきこと》ニ候間、相渡し可申候間《もうすべくそうろうあいだ》、請取《うけとり》被申候え」と申テ、よ《寄》せて《せて》ニ名物共ワたし《渡し》、扨《さて》、平くも《蜘蛛》の釜を持テ出、「御所望《ごしよもう》ハ此釜事《このかまのこと》ニ候へ共《ども》、進ル事《まいらすること》ならぬ故、如此事《かくのごときこと》也、たヽ《ただ》今ワリ《割り》候間、御覧候え《ごらんそうら》」と申テ、よき《斧》ニ而《て》こミぢ《微塵》ニワり《割り》、やぐらより下へすて《捨て》、城ニ火ヲかけ、はら《腹》切テしぬ《死》ると也(19)

信長の子息、信忠軍に攻められ、信貴山城に籠城した久秀は、所持している平蜘蛛釜を渡せば、一命は助けるといわれていたのですが、その釜とともに自害したという伝承の一つです。

面白いのは、信長が平蜘蛛釜を献上させた時、久秀が信長の貰い様が悪いといって、献上することを拒んだというのです。そこで、信長は、久秀を「せめてとれ」と城を攻撃したのでした。なんともはや、江戸時代になると、信長・久秀ともに歴史的事実から遥かに遊離して、聞き分けのない子供の様な描かれ方です。

城を取り囲まれた久秀は、櫓から立派な夜着や布団に名物道具を包み、女性用の金襴の帯を繋いで、櫓から目録をつけて地上に下げ、「名物道具がなくなってしまうのはあってはならぬことなので、お渡ししますので、どうぞ受け取り下され」と、敵の寄せ手に名物道具を渡したのでした。しかし、平蜘蛛釜を持ち出して、「信長殿の御所望のこの釜のことでございますが、進上することは出来ませぬ故、この通りです。唯今割ってしまいますので、御覧下され」と、斧で木っ端微塵に割って、櫓から投げ捨て、城に火を懸けて、切腹して死んだということです。

歌舞伎の舞台を見る様な、滑稽にも思われる久秀の最期ですが、茶道具への興味・執着、下剋上の心を強く持ち続けた人物故に、江戸時代には、反逆児的な悪人として伝承されたのが松永久秀でした。

彼もまた、最盛期には、利休とも面識があったのでした。

【註】

（1）今谷明『戦国三好一族　天下に号令した戦国大名』洋泉社MC新書、二〇〇七年、二六二頁。
（2）同註（1）八〇～八四頁。
（3）『常山紀談』巻之四「信長、公松永弾正を恥しめ給ひし事」、一三四頁。
（4）同註（1）。
（5）林家辰三郎ほか編『角川茶道大事典』角川書店、一九九〇年、一五〇頁。
（6）『今井宗久茶湯日記抜書』（千宗室ほか編『茶道古典全集　第十巻』淡交新社、一九六一年）天文二十三年甲寅年の条。

（7）桑田忠親著、小和田哲男監修『戦国武将と茶の湯』宮帯出版社、二〇一三年、二八頁。
（8）熊倉功夫校注『山上宗二記　付茶話指月集』岩波文庫、二〇〇六年、一〇七～一〇八頁。
（9）『天王寺屋会記』「宗達他会記」（千宗室ほか編『茶道古典全集　第七巻』一九五九年）弘治四年九月十五日の条。
（10）同註（9）永禄三年二月二十五日の条。
（11）同註（8）八一頁。
（12）同註（5）九三七頁。
（13）同註（6）弘治四年九月九日の条。
（14）同註（9）永禄六年十一月五日の条。
（15）同註（8）三六頁。
（16）同註（8）五八頁。
（17）『松屋会記』「久政茶会記」（千宗室ほか編『茶道古典全集　第九巻』淡交新社、一九五七年（永禄八年正月二十九日の条。
（18）『茶話指月集』（千宗室ほか編『茶道古典全集　第十巻』淡交新社、一九六一年）二二六～二二七頁。
（19）千宗員「史料 茶道逸話集　翻刻・解題千宗員」『茶の湯研究　和比第五号』不審菴文庫編、二〇〇八年、一〇一～一〇二頁（本文中の打ち消し線は原典で抹消された文字である）。

第四章

信長上洛

1　今井宗久の鴫肩衝茶入

前章では、松永久秀《まつながひさひで》の武将茶人としての一面を見てきました。そして、久秀が付藻《つくも》茄子茶入を愛蔵していたことをお話ししました。

松永久秀は、三好一族の出身ではなく、三好政権の中では外様の立場でした。しかし、彼は、三好長慶《ながよし》政権の重鎮にまでのし上がりました。ところが、永禄七年（一五六四）、長慶の死去とともに三好政権が瓦解し、三好政権を支えるはずの三好三人衆、すなわち三好長逸《ながゆき》・三好政康《まさやす》・岩成友通《ともみち》と久秀は鋭く対立し、両者は河内・大和で戦闘を繰り広げました。永禄十年（一五六七）、東大寺大仏殿が炎上したのも、この時でした。

三好三人衆に対して、松永久秀は、どちらかというと劣勢に立たされていたようですが、『今井宗久茶湯日記抜書』には、今井宗久《そうきゅう》が松永久秀を招いて茶会を催していたことが記されています。

同八月二十七日朝　自亭へ、　松永殿　ベニヤ《紅屋》宗陽

一　風炉　リンテツ《林徹》釜

一　床　波ノ絵、終リマデ、　数ノ台、天目スエ《据》テ、

一　志ギカタツキ《鴫肩衝》、　銅ノ水サシ　ザウゲ《象牙》茶杓　合子（建水）　竹ノフタオキ《蓋置》(1)

今井宗久は、久秀とは親しかったようで、久秀の茶会にも何度も参会していました。現在でいうと、軍需産業に関わる生業《なりわい》を武野紹鷗《たけのじょうおう》から引き継いでいたわけですから、三好三人衆と松永久秀が対立していた政治情勢の中で、宗久は、どちらかといえば久秀を支持していたのかもしれません。

松永久秀に相伴していた紅屋宗陽《そうよう》（生没年不詳）は、堺の町では古くからのリーダー（会合衆《えごうしゅう》）の一人でした。『角川茶道大事典』によれば、天文二十年（一五五一）から『天王寺屋会記』「宗達他会記」に登場するということで、紅屋肩衝・虚堂墨跡といった名物を所持していました(2)。

右の茶会の翌年の永禄十一年（一五六八）、織田信長が堺に二万貫の矢銭を要求しました。石山本願寺（大阪市中央区）でも、五千貫の矢銭要求ということですから、いかに堺の町に富が蓄えられていたかを信長は理解していたのでしょう。会合衆が三十六人だとしても、一人約五百貫～六百貫余りの負担となります。五百貫といえば、唐物の名物を購入できる高額です。

この時、三好氏と提携していた時代の古くからの会合衆は、三好勢を頼りに信長に対して好戦的な立場をとっていましたから、紅屋宗陽も、同様に三人衆を支持する立場であったかもしれません。「しかし（信長に矢銭を支払い、今井宗久や津田宗及《そうぎゅう》たちが新しい会合衆として信長に協力した後も、紅屋宗陽は）処分もなく天正六年（一五七八）信長は宗陽宅を訪問している」[3]ということですので、信長にとってもとても重要な人物であったようです。ところが、彼は、秀吉の時代に、秀吉から闕所《けっしょ》処分（財産の没収）を受け逐電した人物でもあり、なかなかの個性的な一面もあったようです。

いずれにせよ、この時は、三人衆に対して少々劣勢に立たされていた松永久秀を招いた茶会なので、政治情勢なども話題に上ったのではないでしょうか。

ちなみに、「志ギカタツキ《鴫肩衝》」茶入が使用されていますが、この茶入も名物茶入の一つで、『天王寺屋会記』「宗及他会記」によると、永禄十三年（元亀元 一五七〇）には、川那部《かわなべ》肥後《ひご》入道《にゅうどう》（詳細不詳。本願寺下間氏の本家という）の所持になり、後に豊臣秀吉の所持となっています。

『山上宗二記』には、肩衝の項目の所に、

一、鴫《しぎ》かたつき　関白様にあり。
名物と申す、数寄道具なり。右壺、本願寺家中より此来《このごろ》進上。[4]

とありますので、「本願寺家中」というのは、右の「川那部肥後入道」を指すでしょう。

そして、九州博多の豪商、神屋《かみや》宗湛《そうたん》（天文二十 一五五一～寛永十二 一六三五）の『宗湛日記』天正十五年（一五八七）

六月十九日の条には、九州薩摩の島津氏を降伏させた秀吉が、箱崎の陣所の茶室で、宗湛と嶋井宗叱（「島井宗室」とも）（天文八〈一五三九〉～元和元〈一六一五〉）とを招き、この鴫肩衝茶入を手に取って、誇らしげに二人に見せて語っています。その記事を引用しましょう。

御茶タテラレテ後ニ、此肩ツキ御手ニモタセラレテ、両人ノモノヲ御ソバニ被召寄《めしよせられ》、「是《これ》ヲ見ヨ、此薬有《このくすりある》ユエ《故》ニ、シギ《鴫》ト云ゾ」ト御諚候也《ごじょうそうろうなり》(5)、

秀吉が、鴫肩衝の釉薬の見所を手に取って、「これを見よ、この釉薬があるから、鴫と名付けられているのだぞ」と二人に語っているのです。

会記などに記された名物道具それぞれに伝来の歴史があり、それに加えて、当時の茶の湯界だけではなく、政治権力や武将の生きざまも反映されているのです(6)。戦国時代を生き抜いた人々のみならず、彼らが愛用した茶道具類も時代の波に翻弄されていることが感じられます。

2　松永久秀と今井宗久の臣従

すでに前章で述べましたが、永禄八年（一五六五）に、三好三人衆たちは、三好政権と対立した第十三代将軍足利義輝《よしてる》を暗殺しました。この時、義輝の弟、後の足利義昭《よしあき》は、奈良興福寺

の一条院門跡で、「覚慶《かくけい》」と名乗っていました。

兄の義輝が殺害された時は、三好三人衆たちによって幽閉の身となりましたが、細川幽斎《ゆうさい》（藤孝）（天文三〜慶長十五 一五三四〜一六一〇）たちの働きで、幽閉の身から脱出し、翌年に「義秋《よしあき》」と改名し、若狭を経由して越前の朝倉義景《よしかげ》（天文二〜天正元 一五三三〜一五七三）の許《もと》に亡命します。越前で改名して「義昭」と名乗ったのでした。

義昭は、京都に戻って将軍に付くことを望んでいたのですが、頼りにする朝倉義景は上洛の気配も見せないので、その頃美濃国（愛知県西部）を平定しかけていた織田信長が義昭の上洛供奉の要請に応じたのでした(7)。そして、永禄十一年（一五六八）九月末に、信長は、足利義昭を奉じて上洛したのでした。この時、三好三人衆は、信長軍に敗北して一時退散します。

信長が摂津の芥川城（大阪府高槻市）に陣を構えた時、近畿地方の多くの武将たちが信長に臣従しました。三好三人衆と対立していた松永久秀もその一人でした。その時の様子が『信長公記』に、次のように記されています。

> 松永弾正は我が朝無双《むそう》の**つくもがみ**進上申され、今井宗久、是れ又、**隠れなき名物松島の壺**、**并《ならび》に紹鷗茄子**を進上(8)。

前章にみた松永久秀の愛蔵の茶入付藻茄子を、久秀は信長への臣従の証しとして献上しています。そして、続けて今井宗久が松島茶壺と紹鷗茄子とを信長に進上しています。この記事は、一連の文章ですから、おそらく、前節で述べたように、久秀を支持していた宗久が久秀を誘って、芥川城の信長の本陣を訪れ、信長への臣従・忠誠を誓ったのでしょう。

堺の町にとって、この今井宗久の動きは、大きな働きになりました。なぜなら、この後に信長は、堺の町に二万貫という高額な矢銭を要求しましたが、当初堺の古くからの会合衆は、三好勢を頼っていましたので、信長に対して抗戦論が主流を占めていたのです。

さて、翌永禄十二年（一五六九）の正月五日、信長が岐阜城に戻っていた間隙をついて、三好三人衆は、父である斎藤道三を殺害した義龍《よしたつ》（大永七〜永禄四 一五二七〜一五六一）の子で、信長によって美濃を追われた龍興《たつおき》（天文十七〜天正元 一五四八〜一五七三）らとともに、京都六条の本圀寺《ほんこくじ》にいた足利義昭を襲撃します。この時、義昭を守り活躍した武将が、細川幽斎や明智光秀（生年不詳〜天正十 〜一五八二）でした。そして、その翌日の六日には、細川幽斎や三好義継《よしつぐ》たちの足利義昭方の軍勢に、桂川で三好三人衆の軍勢は破れ、堺の港から敗走するという事態になったのです。ちなみに、松永久秀は、この時岐阜城にいて、三好三人衆の本圀寺襲撃を聞いた信長とともに急遽上洛をしています。

さて、桂川での三好三人衆たちの敗北を知った堺の町衆はパニックに陥ったようです。津田宗及の『天王寺屋会記』「宗及他会記」の正月九日の条の末尾（正月十二日以降の記録であろう）

には、次のように記されています。

去六日ニ、於山城桂河《やましろかつらがわにおいて》、公方様衆与《くぼうさまのしゅうと》三好方一戦アリ、三好方打マケ《負け》候、阿州（三好三人衆）従堺出申《さかいよりいでもうす》、依其故《そのゆえによって》、堺中従十二日サワギ出候《いでそうろう》也。去年《さんぬるとし》十月比《ころ》ヨリ、堀ヲホリ、矢倉《櫓》ヲアゲ、事外《ことのほか》用意共イタシ候事無専《（せんなし）》、堺津中之道具・女子共迄《どもまで》、大坂・平野ヘ落シ申候也（9）、

右の文意は、「去る六日に、京都の桂川で足利義昭様の軍勢と三好三人衆の軍勢が合戦した。三好方が敗北し、阿波衆（三好の本拠は阿波国）は、堺の港から出撃していたので、（堺の港から三好衆が敗走した後）、堺の町中は、十二日から大騒ぎになった。去年の十月頃から、堺の町のまわりの掘り（環濠）を拡張したり、櫓を建てて、信長との戦いに向けて殊《こと》の外《ほか》準備をしていたからだ。堺の町中の茶道具や女子供まで、自由都市として堺と提携していた大阪の平野（大阪市平野区）に疎開させたのであった」というものです。

堺の古くからの会合衆は、三好長慶政権の全盛期を知っていましたから、美濃・尾張（岐阜県南部）を統一したといえ、たかが田舎大名の信長よりは、三好三人衆の軍勢の方が強いと判断していたのでしょう。ですから、予想を覆して三好勢が敗北し、その後結集してきた信長軍

団の恐ろしさに、町中がパニックになった様子がうかがわれます。

「去年《さんぬるとし》十月比《ころ》ヨリ、堀ヲホリ、矢倉《櫓》ヲアケ、事外《ことのほか》用意共いたし候事」というのは、上洛した信長が二万貫もの高額な矢銭を要求してきたことに対する反感もあったのでしょう。

信長と戦おうといった頃の堺の町衆の判断は、『続応仁後記』には、次のように書かれています。

（前略）然る処（二万貫の要求にたいして、しかし）、堺の津は、皆三好家の味方にて、荘官三十六人の長者共（古い会合衆たち）、中々申すことなく、御請《おうけ》（信長の要求を承諾することなく）「同心せざる」の由を申す。「然らば早速に堺の津を攻破《せるやぶ》らん」と有ければ、三十六人の者ども、弥《いよいよ》以て怒《いかり》を含み、……（中略）……**溢《あぶ》れ者・諸浪人《しょろうにん》等相集《あいあつめ》て、北口に菱《ひし》を蒔《ま》き、堀を深くし、櫓を揚げ、専ら合戦の用意して、**信長勢を防がんとす。[10]

大変威勢のいい合戦の準備です。宗及の記事の「去年《さんぬるとし》十月比《ころ》ヨリ、堀ヲホリ、矢倉《櫓》ヲアケ、事外《ことのほか》用意共イタシ候事」が、右の「溢《あぶ》れ者・諸浪人《しょろうにん》等相集《あいあつめ》て、北口に菱《ひし》を蒔《ま》き、堀を深くし、櫓を揚げ、専ら合戦の用意して」に相当するのでしょう。傭兵を集めて、町の北口（大阪側の北の入り口）に菱（敵の侵入を防ぐため、地上に設置する鋭い刃を持つ鉄製の武器）を蒔き、町の周囲の環濠を拡張し、櫓まで作って合戦の用意をしていたのに、信長軍団を恐れた三好勢は、こともあろうに堺の港から敗走したのです。

抗戦論を主張していた古くからの会合衆は、おそらく信長からいかなる仕打ちを受けるか、恐れおののいたに違いありません。女子供とともに、「堺津中之道具」すなわち堺の町中の茶道具まで、平野の町に疎開させたというのは、そのことを物語っているでしょう。

こうして、堺の町衆は、信長の要求通りに高額の矢銭を支払い、抗戦論を展開していた古くからの会合衆は町政から退き、信長側近の松井友閑《ゆうかん》（生没年不詳）が堺の政所《まんどころ》（信長の代官）になり、新たな堺のリーダーが信長に協力することになったのです。

その一人が今井宗久でした。彼は、信長軍団の実力を十分認識しており、親しい松永久秀に信長に臣従することを薦めたのでしょう。

信長との友好・協力のパイプをあらかじめ作っていたのが今井宗久だったのです。そのおかげで、信長からの厳しい反撃を受けず、先ずは町衆が矢銭を支払ったのでした。ですから、古くからの会合衆が処刑されずにすんで、合戦の用意をしたことを不問に付されたのは、宗久がいち早く信長との政治的パイプを作っていたおかげだったかもしれません。二万貫は、当時「首代」といわれたとも伝えられています。

信長と堺の町の提携関係の成立は、松永久秀や今井宗久たちとの親しい茶の湯の交流のなかからもたらされたものかもしれないと思われます。

3　宗易逼塞

永禄十一年（一五六八）九月末に、信長が足利義昭を伴って上洛しました。そして、十月に入ると、信長軍は、三好勢を退け、京都・摂津・河内・大和を平定し、足利義昭も朝廷から将軍に任じられます。

翌十二年（一五六九）、前節で述べたように、正月に三好勢が信長の留守を狙って、義昭のいた本圀寺を襲撃しましたが反撃に遭い、阿波に敗走します。そして、堺の町は、二万貫の矢銭を信長に支払い、堺の町は、信長の直轄下に入ります。

『天王寺屋会記』「宗及自会記」の永禄十二年二月十一日の条には、信長の「上使衆《じょうししゅう》」（信長の命令を伝える使者）の軍勢を天王寺屋津田宗及が迎えている様子が記されています。

巳二月十一日　終日

上使衆

佐久間衛門（信盛）　柴田（勝家）　和田（惟政）　坂井右進（近）（政尚）

森三左衛門（可成）　蜂屋（頼隆）　結城進斎（義昭の家臣）

竹内下総（秀勝。松永久秀の家臣）　野間佐吉（康久。河内の武士）

其外方々之衆

百人斗《ばかり》　折・盃之台、色々(11)

信長麾下《きか》の錚々たる武将たちが堺の町に入ってきたのですから、人々はどのような気持ちで百人余りの軍勢の行進を眺めたのでしょうか。上使衆を迎えたのが津田宗及でしたから、宗及は、新たな堺の町の代表になっていたのでしょう。この後、今井宗久と津田宗及が、信長の政商として活躍しますが、この記事は、信長と堺衆との協力・提携の始まりを告げる記事でしょう。

ところで、永禄十一年から十二年にかけて、利休（宗易）はどうしていたのでしょうか。『天王寺屋会記』「宗及他会記」の永禄十一年十一月十二日の条に、その時の利休の茶会が記されています。

同霜月十二日昼、不時《ふじ》ニ、　宗《千》易会口切也

道巴　宗及

一　炉ニ平釜　自在

一　ケンサン《建盞》、黒台ニ、　手桶　ボウノサキ

此冬ハ宗易ヒツソクニ《逼塞》而《て》朝会ハナシ、但、墨跡ナドヒキサカレ候時之事也(12)、

利休（宗易）の「口切《くちきり》」の茶会です。利休は、すでに四十七歳。茶人としては堺の町では、その目利き・見立て・掘り出しなどの才能で、紹鷗の弟子の中でも随一の茶人として評価されていた頃です。堺の町衆の詰め茶の世話までしていたこともすでに述べた通りです。宗及と同伴した道巴という人物の詳細は分かりませんが、『天王寺屋会記』「宗達自・他会記」を見てみますと、宗及の父、津田宗達《そうたつ》の時代から津田家の人々とは親しかったようです。

さて、口切といえば、現在でも「御茶の正月」といわれるように、その年の茶を壺から開けて味わう大切な茶会です。しかし、その茶会が、「昼、不時《ふじ》ニ」とあるのが異例です。

当時の正式な茶会は、朝に催すのが通例で、この茶会は昼に行われています。しかも、「不時《ふじ》ニ」とあります。「不時」とは、時刻をあらかじめ決めたり、事前に案内などせずに、気楽に客を迎える茶会です。つまり、正式のはずの口切の茶会にもかかわらず、昼の時刻に不時の形で行われています。なぜでしょうか。

右の疑問に答えてくれるのが、末尾に書かれた宗及の文章です。「この冬は、宗易は逼塞《ひっそく》中で、正式の朝会はなかった。ただし、これは、墨跡などを引き裂かれた時のためだ」といった意味です。「逼塞」というのは、経済的に困っているとか、そのせいで世間付き合いを少し憚《はばか》るよ

うな意味ですので、利休は、信長上洛から、堺の町衆が二万貫の矢銭をめぐって、信長との抗戦論・和平論に明け暮れていた頃、逼塞中であったということです。

その原因を、宗及は、「墨跡ナドヒキサカレ候時之事也」と記しています。一体どういうことで、墨跡を引き裂いたのでしょうか。

その具体的な事実は不明ですが、利休のひ孫で、紀州徳川家に士官した表千家の江岑宗左《こうしんそうさ》（慶長十八〜寛文十二／一六一三〜一六七二）が書いた『逢源斎書《ほうげんさいしょ》』（『江岑夏書』の清書本か）には、次のような伝承が記されています。

一、休（利休）、堺ニ而《て》祖師之《そしの》墨跡を、一休御《お》写候《うつしそうろう》を御《お》直候《なおしそうらい》テ御掛候、南宗寺之和尚へ御見せ候えば、一休之写物《うつしもの》と被仰候故《おおされそうろうゆえ》、其座ニ而《て》御引やふり《破り》被成候《なされそうろう》(13)

文意は、「利休が堺で、「祖師之墨跡」で一休《いっきゅう》が写したものを表具をし直してお掛けになった。それを南宗寺の和尚に見せたところ、（一休の直筆でなく）一休の写し物と仰ったので、その座敷で引き破られたのでした」といった意味です。

江岑宗左は、別の書き物で、同様の伝承を書き残しています。それは、『江岑咄覚』という茶書に描かれています。

一、利（利休）、堺ニ而《て》虚堂《きどう》之墨跡調《ととのえ》被申候《もうされそうろう》、扨《さて》、南宗寺ノ住寺へ御見せ候えハ《ば》にせ《偽》物と被申候《もうされそうろう》、一休和尚ノ図御書候手ニ候、則《すなわち》利ひきさき被申候、円語（圜悟）も其通《そのとおり》ノ咄《はなし》なり(14)

この伝承から分かることは、利休が引き裂いた掛軸は、虚堂智愚《ちぐ》の掛軸ということです。虚堂は、臨済宗正脈の仏祖・祖師と仰がれています。虚堂の教えは、鎌倉時代中期の禅僧である南甫紹明《なんぽじょうみん》から宗峰妙超《しゅうほうみょうちょう》（大燈国師《だいとうこくし》）に伝えられ、大徳寺・妙心寺に伝えられました。

江岑が書き残した右の二つの伝承は、内容はほぼ同じで、利休の娘婿の少庵から利休の孫の宗旦《そうたん》、そしてその子江岑へと、千家の中で伝えられたものでしょう。「円語（圜悟）も其通《そのとおり》ノ咄《はなし》なり」という末文は、虚堂の墨跡という伝えの他に、圜悟克勤《えんごこくごん》の墨跡を引き裂いたという異伝もある、という意味と思われます。

利休が写し物と気がつかずに、大切な墨跡を引き裂いたという伝承は、茶人たちの間で広く伝えられたようで、奈良の松屋久重《ひさしげ》が編集した『茶道四祖伝書』の「利休居士伝書」にも、右の伝承の異伝が記されています。

易（利休）、近江国にて密庵《みつたん》墨跡を百二十貫ニ取ッて左海（堺）ニテ茶湯ニ出《いだ》す。客ハ北向《きたむき》道陳《どうちん》・松江隆仙両人ナリ。然《しか》ル処ニ文字ヲ不レ誉候《ほめずそうろう》を、易、是を不思議トテ聞ケバ、偽物かとて沙汰有レ之《さたこれあり》。易、其儘《そのまま》焼すつるなり。後にも買ぞこないとい《ヒ》はれ間敷キ為也《まじきためなり》。(15)

墨跡が「近江国にて密庵《みつたん》墨跡を百二十貫ニ取」ったものである点、偽物と指摘したのが大徳寺僧でなく、北向道陳か松江隆仙のいずれかである点、引き裂くのではなく焼き捨てたとする点など、江岑宗左が伝えた伝承と異なる叙述がありますが、それらは、この伝承を成立させるファクターの違いであり、「利休が貴重な掛け軸を、写し物として指摘され、（自身の目利きの力が未熟だったことを恥じて）その場で引き裂いた（焼き捨てた）」という伝承の骨格は変わりません。右の伝承の末尾の「後にも買ぞこないとい《ヒ》はれ間敷キ為也《まじきためなり》」というのも、自身の眼力の未熟を恥じたからという説明の付加でしょう。

ともあれ、『天王寺屋会記』「宗及他会記」が語ってくれた「此冬ハ宗易ヒツソク《逼塞》ニ而《て》朝会ハナシ、但、墨跡ナドヒキサカレ候時之事也」という記述は、利休の人生のみならず、茶道史においても重要な出来事であったと思われます。

4　隆仙・宗易、中なおり之振舞

さて、利休が逼塞していた永禄十一年の十一月からほぼ一年後、永禄十二年（一五六九）の『天王寺屋会記』「宗及他会記」、十二月十八日の条に、津田道叱《どうしつ》が、前節に引用した「利休居士伝書」に語られていた松江隆仙と利休・宗及を招いて茶会をしています。

同十二月十八日朝　　道叱会　　隆仙　宗易　宗及
炉ニ釣物
床　かたつき、茶過テ上候《あげそうろう》、籠（洞庫であろう）ヨリ壺、袋入、盆なしニ、取出して茶立候、うす、茶わんにて、
隆仙・宗易、中なおり之振舞也、[16]

利休が貴重な掛軸を引き裂いた具体的な状況は不明ですが、当時の天王寺屋一族の長老である津田道叱が、松江隆仙と利休との「中なおり之振舞」を取り持っているのです。ということは、松江隆仙と利休とがいわば意地の張り合いのような仲違いをしていて、津田道叱が見かねて仲直りの茶会を催したのでしょう。隆仙は、津田宗及とも親しいので、想像をたくましくすると、宗及・隆仙と利休とが仲違いの関係にあり、甥の宗及のことを心配して、道叱が仲直りの茶会を催したのかもしれません。ちなみに、「振舞」は会食のことですので、茶を飲んだ後、仲直りの食事会をしたのでしょう。

しかも、この松江隆仙が「利休居士伝書」の伝承にも登場しているのですから、破り捨てた（焼き捨てた）掛軸は不明としても、南宗寺の和尚と隆仙も同席していた可能性が、伝承から想像できます。

この仲直りの茶会の後、翌永禄十三年の二月三日には、『天王寺屋会記』「宗及他会記」を見ますと、利休が隆仙・道叱・宗及を招いて、さっそく茶会を催しています。

同二月三日朝　宗易会　　隆仙　道叱　宗及
風炉　平釜　後ニ手桶（水指）
ケンサン《建盞》（天目）、黒台（天目台）ニ、　備前水下《みずこぼし》
床ニ墨跡　大灯《大燈国師》之、始ヨリカケテ、
ほそ口（花入）持出て、袋ヲ客人のまえにてぬがせて、客ニ見せられ候、
後ニ薄板《うすいた》、こいいだして（運び出しての意か）、すえて《据えて》床へ上候《あげそうろう》(17)、

茶会に集ったメンバーから推測すると、この茶会が利休の道叱への答礼茶会であることは、間違いありません。茶を飲んだ後には、利休がわざわざ細口の花入（「鶴の一声」か）を勝手から持ち出し、袋を客の前で脱がせて披露し、その後薄板に花入を載せて、床に飾ったのでし

た。和やかな雰囲気が感じられますので、ここで利休と隆仙・宗及とのわだかまりが解消したのではないでしょうか。

「床ニ　墨跡　大灯之《大燈国師》、始ヨリカケテ」というのは、初座から後座まで、床の掛軸はずっと飾られていたという意味です。ひょっとしたら、破り捨てたと伝えられる「祖《そ》師《し》之《の》墨跡」とは、大燈国師の墨跡だったのかも分かりません。「今度こそ、直筆の大燈国師の掛軸ですよ」というメッセージが感じられます。

ところで、右に筆者が「宗及・隆仙と利休とが仲違いの関係にあり」と述べて、隆仙と利休の仲違いに宗及を巻き込んで想像したのは、利休の逸話集である『茶話指月集』に、次のような織田信長の名物狩りの逸話があるからでもあります。

一とせ、信長公より宗易（利休）へ、よき肩衝《かたつき》御所望のよし仰蒙《おおせこうむ》る。その比《ころ》、**利休、天王寺屋宗及と不和なれども**、よき肩衝所持するにより、公（信長）へ御挨拶いたし、茶入召しあげられ、天王寺屋、過分の黄金拝領す。これによて、宗及一礼のため利休へ樽《たる》・肴《さかな》・黄金《こがね》・しなぐ贈る。休、その使者におうて、「この度《たび》茶入に依怙《えこ》はならぬにより御挨拶申つる也。**日比の不和においては変《カハ》ることあるべからず**。しかるうえはこの贈り物受《うく》べき道理なし」とてかえす。時の人その私なきこゝろざしを称しき。[18]

信長から利休に、よい肩衝を手に入れたいという命が下りました。その頃、利休と宗及とは不和であったのですが、宗及がよい肩衝を所持していたので、利休は、信長に宗及の肩衝を推薦し、宗及は、肩衝を召し上げられました。ところが、宗及は、過分の黄金を拝領したのでした。つまり、肩衝茶入を召し上げられたのですが、思った以上に高額のお金が宗及に入りました。いわば、おつりがきたということです。

信長による「名物狩り」の実態が「強制買収」であったこともよく分かる逸話です。また、先に述べた信長から堺に要求された二万貫が会合衆一人当たり五〜六百貫とすると、名物の買い上げで彼等の負担も解消されたかも知れません。「名物狩り」が町衆・商人に対する商業政策としての一面でもあったことが感じられます。

さて、宗及は、利休に御礼として、樽酒・肴・黄金など、御礼の品を届けたのでした。しかし、利休は、宗及の使者に「この度、私は茶入に依怙贔屓《えこひいき》しなかったので、信長様に宗及所持の肩衝を推薦したのです。ただし、日頃の不和はまだ続いております。ですから、この御礼の贈り物は受け取る道理はありません」といって返したということです。その時、堺の人々は、利休の私欲のない道具に対する公平な志を褒めたのでした。

人間関係に捕らわれず、道具の価値をきちんと評価した利休の「私なきこゝろざし」が賞賛されている話ですが、その中で、利休と宗及とが「日比の不和においては変《カハ》ることあるべからず」という関係にあったというのは、興味深いことです。つまり「此冬ハ宗易ヒツソク《逼塞》ニ而《て》朝会ハナシ、但、墨跡ナドヒキサカレ候時之事也」と記された永禄十一年十一月頃から、「隆仙・宗易、中なをり之振舞也」と記された永禄十二年十二月の茶会、あるいは永禄十三年二月三日の茶会までの期間が、「日比の不和においては変《カハ》ることあるべからず」という時期ではないかと推測されます。

谷端昭夫氏『チャート茶道史』によると、信長は、永禄十二年の四月に京都で名物狩りしており、翌永禄十三年（元亀元 一五七〇）四月にも堺で名物狩りをしていたようです(19)。そうしますと、肩衝茶入の逸話は、利休の茶道具に対する依怙贔屓のない態度を物語る話ですが、『天王寺屋会記』「宗及他会記」の記事と重ねると、利休の信長への茶頭（「茶堂」とも）としての出仕は、永禄十二年頃かと推測されるのです。

伝承資料は、解釈によっては、記録などの第一次史料といわれるものよりも、歴史の一コマの実情を伝える場合もあるのです。

【註】

（1）『今井宗久茶湯日記抜書』（千宗室ほか編『茶道古典全集　第十巻』淡交新社、一九六一年）永禄十年八月二十七日の条。

（2）林家辰三郎ほか編『角川茶道大辞典』角川書店、一九九〇年、一二一六頁。
（3）同注（2）一二一六頁（括弧内は筆者が注す）。
（4）熊倉功夫校注『山上宗二記　付茶話指月集』岩波文庫、二〇〇六年、七四頁。
（5）『宗湛日記』（千宗室ほか編『茶道古典全集　第六巻』淡交新社、一九五八年）一一二頁。
（6）矢野環『名物茶入の物語―伝来がわかる、歴史がみえる』淡交社、二〇〇八年、一八四～一九四頁。
（7）池上裕子『織田信長』吉川弘文館、二〇一二年、三三～三四頁。
（8）太田牛一著、桑田忠親校注『信長公記』新人物往来社、一九九七年、八九頁。
（9）『天王寺屋会記』「宗及他会記」（千宗室ほか編『茶道古典全集　第七巻』淡交新社、一九五九年）永禄十二年正月九日の条末尾。
（10）『続応仁後記』（『改定史籍集覧　第3』臨川書店、一九八三年）一九一～一九二頁（括弧内は筆者が注す）。
（11）『天王寺屋会記』「宗及自会記」（千宗室ほか編『茶道古典全集　第八巻』淡交新社、一九五九年）永禄十二年二月十一日の条。
（12）同注（9）永禄十一年十一月十二日の条。
（13）『逢源斎書』（千宗左監修、千宗員編『江岑宗左茶書』主婦の友社、一九九八年）二七～二八頁。
（14）『江岑咄覚』（同前）九四頁。
（15）「利休居士伝書」（松山米太郎編『茶道四祖伝書』秋豊園、一九三三年）
（16）同注（9）永禄十二年二月十八日の条。
（17）同注（9）永禄十三年二月三日の条。
（18）『茶話指月集』（千宗室ほか編『茶道古典全集　第十巻』淡交新社、一九六一年）二二五～二二六頁。
（19）谷端昭夫『チャート茶道史』淡交社、一九九五年、八九頁。

第五章

戦国大名の文化的背景

1　岐阜県郡上市の東氏館跡

前章に述べたように、永禄十一年（一五六八）九月、織田信長は、足利義昭《よしあき》を奉じて上洛し、義昭を将軍職に就《つ》け、翌年には三好一族の勢力を都周辺から駆逐しました。その折に、松永久秀《まつながひさひで》が付藻《つくも》茄子茶入を、今井宗久《そうきゅう》が紹鷗《じょうおう》茄子茶入・松島茶壺を献上したことを述べました。かつては、この久秀と宗久の名物献上によって、信長が茶の湯に目覚め、「名物狩り」を始めたように論じられたのでした。こうした論が展開されたのは、信長に対しての荒々しい武人像が先入観として支配的であったからかと思われます。

例えば、桑田忠親氏も、

> 信長は、上洛の翌年（永禄十二年）、初めて堺の茶の湯文化に接触し、紹鷗門下の堺の茶匠、今井宗久、津田宗及、千利休などの引廻しで、茶の湯を学び、名物の蒐集を始めたのである。（中略）信長が名物茶器を手に入れたのは、これら（久秀・宗久の名物道具の献上）が初めてで、これに味をしめたせいか、翌年（永禄十二年）の四月、丹羽長秀《にわながひで》と松井有閑《まついゆうかん》に命じて、洛中に存在する名物茶器の徴収を行わせた。これを俗に信長の「名物狩」と称している。[1]

と述べています。
しかし、こうした解釈は、信長が初めて名物道具や堺の茶に接して、突如茶の湯に目覚めたような理解のし方ですが、はたしてそのような単純なことで、信長と茶の湯の関係を論じていいのでしょうか。そこには、信長に対して、無意識に彼の教養などについての評価が否定的であったと思われるのです。また、信長が支配していた尾張・美濃といった「地方」よりも、都・堺という「中央」の文化の方が優れているといった先入観で、信長と茶の湯の関係を見ていたのではないでしょうか。

ところが、戦国時代の「地方」は、戦乱が繰り返され疲弊していく地域も多かったのでしょうが、一方で国作り・町作りに成果を上げた大名たちの領地は、文化的にも、経済的にも「中央」をしのぐほどの繁栄を遂げていた地域が多かったのです。

信長が統一していった尾張国も、信長の父の信秀《のぶひで》（一五一一《永正八》〜一五五二《天文二十一》）が戦国大名として頭角を現す頃には、伊勢湾貿易の拠点であった港町、津島（愛知県津島市）を支配し、大変な富を蓄積していました。

天文二年（一五三三）に京都から山科言継《やましなときつぐ》（一五〇七《永正四》〜一五七九《天正七》）と飛鳥井雅綱《あすかいまさつな》（一四八九《長享三》〜一五七一《元亀二》）が津島と、津島の北で信秀の居城のある勝幡《しょばた》（愛知県愛西市）を訪れていますが、その豪華さに驚いています。[2] 彼らは、織田信秀と家臣たちに、和歌や蹴鞠といった都の文化を伝授し、地方の豊かな大名との人脈作りのために下向したと思われます。

つまり、応仁・文明の乱以後の戦国下剋上の時代に、京都は戦乱で焼け野原になり荒廃しましたが、都から多くの公家や文化人（連歌師や僧侶たちなど）が地方都市に招かれ、各地に都の文化を伝播し広げたのが戦国時代の文化の特徴なのです。

例えば、西国随一の戦国大名で、周防《すおう》・長門《ながと》（山口県西部）を拠点に栄えた大内氏、なかでも大内義隆《よしたか》（永正四 一五〇七～天文二十 一五五一）は、京都の文化に憧れ、様々な都の文化を領内で栄えさせました。義隆は、家臣の陶隆房《すえたかふさ》（「晴賢《はるかた》」とも）（大永元 一五二一～天文二十四 一五五五）に滅ぼされ、その陶隆房も毛利元就《もとなり》（明応六 一四九七～元亀二 一五七一）に滅ぼされますが、その後西国一の大名にのし上がった毛利氏の繁栄は、大内氏の文化的繁栄の背景が培《つちか》ったものでしょう。

戦国期には、各地に都の文化がもたらされ、各地の大名の領地や城下の都市は、荒廃した都よりもむしろ豊かで、文化的にも見劣りしない状況にあったことを忘れてはいけないと思います。

例えば、応仁・文明の乱のただ中に生きた武将、東常縁《とうのつねより》（応永八 一四〇一?～文明十六 一四八四?）は、若き頃室町幕府に仕え、都で歌人正徹《しょうてつ》（永徳元 一三八一～長禄三 一四五九）・堯孝《ぎょうこう》（明徳二（元中八） 一三九一～享徳七 一四五五）に和歌を学び、関東地方にも転戦した経歴を持つ文武両道の人でした。

東常縁の領地は、現在の岐阜県郡上《ぐじょう》にありましたが、一時、美濃国の守護土岐成頼《ときしげより》（嘉吉二 一四四二

〜明応六 一四九七）配下の斎藤妙椿《さいとうみょうちん》（応永十八 一四一一〜文明十二 一四八〇）に郡上の領地を奪われます。その時、ふるさとを奪われた悲しさを常縁は和歌に託しましたが、その和歌に感じ入った斎藤妙椿が領地を常縁に返還した逸話は有名です。

この郡上の東常縁の許《もと》に、連歌師の宗祇《そうぎ》（応永二十八 一四二一〜文亀二 一五〇二）が和歌を学びに訪れ、いわゆる古今伝授（『古今和歌集』についての秘伝）を授かり、これを都に戻り、三条西実隆《さんじょうにしさねたか》（康正元 一四五五〜天文六 一五三七）と連歌師牡丹花《ぼたんか》肖柏《しょうはく》に伝授しました。

三条西実隆の家に伝授された古今伝授を「御所伝授《ごしょでんじゅ》」、肖柏が堺の町衆に伝えたのが「堺伝《さかいでん》授《じゅ》」と呼ばれています。このことによって、東常縁は、「古今伝授の祖」と呼ばれています。

ちなみに、三条西実隆は、利休の師の武野紹鷗に藤原定家の歌論『詠歌大概』を講義し、和歌の精神を教え、紹鷗は、和歌と茶の湯とが同じ精神にあることを悟り、茶の湯改革に開眼したのでした。『詠歌大概』の冒頭には、「言葉は古い歌語を使い、表現された世界は新しくなければならない」とありますので、紹鷗は、前時代からの茶の湯に新風を吹き込むことの大切さを実隆から学んだのでしょう。

また、肖柏は、晩年堺に移り、その墓は南宗寺にあります。第二章の4節でも取り上げましたが、利休が茶室での話題として戒めた歌[3]、

我が仏、隣の宝、婿舅《むこしゅうと》、
天下の軍《いくさ》、人の善悪《よしあし》

は、この肖柏の連歌会における戒めの戯歌《ざれうた》を流用したものです。

さて、東常縁から古今伝授を受けた連歌師宗祇についても、彼の所持した香炉が茶人の世界では珍重されていたようです。少し話が横道にそれますが、すでに引用した利休の逸話集『茶話指月集』にも、宗祇所持の香炉の逸話がありますので、紹介しておきましょう。

利休は過分の采地《さいち》拝領して、家まづしからざるゆえ、一とせ千鳥の香炉宗祇所持、千貫に求て、や、時うつる程、畳《タヽミ》に置《スヘ》てみけるを、休が妻宗恩、「われにもみせ給え」とて、しばし見て、「足が一分高うて、恰《カツ》合《カフ》悪《アシ》し。截《キリ》給え」という。休、「われも先程より、さおもうなり。玉屋をよべ」とて、ついに一分きる也。此宗恩は、物数寄すぐれて、短檠《たんけい》にむかしは取手《トツ》の穴《アナ》なかりしを、はじめて明させたる人なり。(4)

秀吉が関白となり、利休が天下の宗匠となっていた頃の逸話です。利休は、秀吉から領地をいただいていて、この頃は経済的にも恵まれていたのでしょう。宗祇所持の香炉を千貫で購入して、しばらくしてから畳においで眺めていました。すると、妻の宗恩が「私にも見せて」と言い、しばらくして「足が一分高くて、格好が悪いですよ。切った方がいいですのに」と言ったのです。利休も、「わしも先ほどからそう思ってたのだ。玉屋（石を切ったりする細工職人）を呼べ」といって、ついに香炉の足を一分切ったということです。

いくら名物であっても、実用に不便なら使いやすいようにすべし、という利休の機能優先の道具への価値観を伝える逸話ですが、宗祇所持という付加価値で、この香炉が高価に扱われていたことを指し示しています。

さて、話を元に戻しますと、すでに応仁・文明の乱の頃から、都の荒廃にともなって、知識人たちが地方に下り、そこに都の文化を移植し、地方都市が都よりもむしろ豊かな文化環境を生み出していたのです。古今伝授が郡上という「地方」から、「中央」すなわち都や堺にもたらされたのも、その一例です。

現在も、岐阜県の郡上市には、国の名勝、「東氏館跡庭園」があり、そこには、都の書院造りを凌ぐ立派な館があったことを偲ばせます。

館の庭園には背後の山からの湧き水が引かれ、泉水を配置した広大な敷地です（次頁図10）。館の背後の山上には篠脇《しのわき》城跡があり、いざ合戦という時には山上の城に籠城できるという、戦国領主の合戦に備えた緊張感も併存しているのです。また、この史跡は、「古今伝授の里フィールドミュージアム」の一部としてあり、展示館「和歌文学館」などの施設も充実しています。戦国期初期の地方領主の豊かな文化を偲ぶことができる遺跡です。「中央」が優れていて「地方」は後進地域であるという先入観を払拭してくれる史跡でもあります。

図10　東氏館跡の書院庭園跡（撮影筆者）

2　一乗谷の朝倉氏遺跡

戦国末期の地方大名の繁栄した面影を今に伝える遺跡としては、福井県の一乗谷朝倉氏遺跡があります。遺跡の発掘は、昭和四十二年（一九六七）頃に進められ、現在では、昔の町並みが復元され、朝倉義景《よしかげ》屋敷跡も整地・整備され、かつての戦国大名の繁栄を肌で感じられる史跡です。国の特別名勝・特別史跡にも指定されており、永年の発掘で出土した出土品の多くが重要文化財指定を受けて、朝倉氏遺跡資料館に展示されています。

この朝倉氏は、越前を支配し戦国大名となった朝倉孝景《たかかげ》（明応二 一四九三～天文十七 一五四八）から、織田信長に滅ぼされた朝倉義景までの五代の間、越前に君臨しました。前章で述べた足利義昭が一時亡命していたのも、この一乗谷の朝倉義景の保護があったからでした。

朝倉義景は、信長の妹であるお市の方の夫の浅井《あざい》長政《ながまさ》（天文十四 一五四五～天正元 一五七三）と同盟して、天正元年（一五七三）、織田・徳川勢と戦い、敗北して自害します。ここに戦国時代では希な五代の繁栄を築いた朝倉氏は滅び、その館跡や町並みは歴史から埋もれてしまったのでした。しかし、遺跡の発掘によって姿を現した一乗谷の朝倉氏の館を見ますと、都の上層武家の書院造りの館以上の豪華さが偲ばれます。

この一乗谷には、都からの文化人が多く訪れ、都の文化を伝播し、朝倉文化ともいうべき文化的繁栄がもたらされています。「福井県立一乗谷朝倉氏遺跡資料館」のホームページには、次のように朝倉文化の栄えた様子が説明されています。

> 戦乱で荒廃した京から足利義昭をはじめとして、公家の右大臣三条公頼・大納言飛鳥井雅綱・一条兼良、高僧の大覚寺義俊・月舟、当代随一の漢学者で儒学者でもあった清原宣賢、医書「八十一難経」を版木で出版した谷野一栢、連歌師宗祇・宗長など多くの文化人が朝倉氏の庇護をもとめて下向してきました。朝倉文化とよばれるものはこれらの人々によって開花し、朝倉の武将たちによって深く育まれたものといえます。座敷飾りの茶器・花器・香炉なども谷のいたる所から出土しており、茶の湯・生花・聞香などの遊芸が当時の一乗

谷でいかに広汎でかつ高い水準に達していたかを知ることができます。さらに硯や水滴などの文房具の出土とともに、和歌や漢詩を書いた木片や「庭訓往来」の断簡もみられ、日常の余暇を楽しむ将棋の駒をはじめ、双六の賽子《さいころ》や駒石、小舟、人形などの遊戯具の出土もみられ、当時の人々の遊芸に対する関心を如実にうかがい知ることができます(5)。

驚くべきことに、室町時代の最高の古典学者である一条兼良《いちじょうかねら》(応永九〜文明十三 一四〇二〜一四八一)、連歌師の宗祇・大徳寺山門の一階部分を寄進したことでも知られる宗長《そうちょう》(文安五〜享禄五 一四四八〜一五三二)など、この時代の文学の担い手たちも、都の戦乱を逃れて、越前の朝倉氏をたよって滞在したのです。

また、茶の湯に関しても、豪壮な書院造りの館の片隅には、山から引かれた水をたたえた泉水の周囲に立派な石が配置され、あたかも金閣寺や銀閣寺の庭園を彷彿とさせる茶の湯の会所が設《しつら》えられています。都で形を整えた書院造りの館での茶の湯文化は、遠く隔たった越前一乗谷でも花開いていたのです。

それに伴って、出土品には、唐物の茶碗や青磁の花瓶なども多く出土しており、書院の茶の湯が朝倉氏の文化を象徴していることが分かります(図11、12)。

また、朝倉義景館跡の前に流れる川の対岸には、町並みも復元されています。様々な職業の庶民の家や、義景の家臣の館も復元され、往時の賑わいを想像させます。

図11　出土した青磁茶碗
（福井県立一乗谷朝倉氏遺跡資料館蔵）

図12　出土した青磁鯉耳花入　（福井県立一乗谷朝倉氏遺跡資料館蔵）

上層の家臣の館も町並みの奥に再現されていて、なかでも興味を引くのは、その館に、離れの小さな茶室が設えられていることです。
　再現された家臣の館も大規模な建物ですが、その母屋の離れには、いわゆる小間の茶室が伴っています（次頁図13）。再現されたものは、三畳敷きの茶室になっていますが、雪深い越前で、写真のような母屋から縁側を隔てて三畳敷きの茶室が建てられていたとすれば、母屋と離れとの間の縁側の部分に雪が吹き込み、冬の季節の実用には耐えられません。写真の母屋と離れの小間が本来は直接つながっていたと考えるべきで、そうすると、離れの茶室は、四畳半茶室となり、堺の武野紹鷗たちが当時楽しんだ四畳半茶室であったと推測できるのです。
　つまり、越前の一乗谷には、大名には豪奢な「書院の茶」の湯が楽しまれており、家臣たち、いわゆる国

図13　一乗谷朝倉遺跡の上級武士の館に作られた草庵茶室（撮影筆者）

人層（新興の武士たち）たちには「草庵の茶」がたしなまれていたことを、この復元された遺跡から見て取れるのです。すでに信長たちが活躍し始めた越前においても、都や堺で流行していた茶の湯は、彼らの生活文化の一部として定着し開花していたことに驚かされるのです。

3　信長の教養と人間的側面

「地方」の大名の城下に豊かな文化が花開いていたことは、当然織田信長が生まれ育った尾張国も同じでした。

織田信長は、「吉法師」と名乗っていた幼年期に、父の信秀から那古野《なごや》城（名古屋市中区）を譲られました。『信長公記』「首巻」には、その時四人の傅《もり》役《やく》（守り役）が付いたと記されています。

　或る時、備後守（父の信秀）が国中、那古野へこさせられ、丈夫に御要害仰せ付けられ、嫡男織田吉法師殿に、一おとな（家老）、林新五郎。二長《おとな》、平手中務丞《なかのつかさのじょう》。三長、青山与《よ》三右衛門《そうえもん》。四長、内藤勝介。是れらを相添え、御台所賄《まかない》（会計の役割）の事平手中務。**御**

不弁限りなく、天王坊と申す寺へ御登山なされ、（父信秀は）那古野の城を吉法師殿へ御譲り候て、熱田の並び古渡《ふるわたり》と云う所に新城を拵《こしら》え、備後守御居城なり。(6)（後略）

信秀は、嫡男の信長に、重臣の林新五郎（通勝）・平手中務丞（政秀）・青山与三右衛門・内藤勝介の四人の重臣を傅役として付けましたが、その中でも平手政秀《ひらてまさひで》（延徳四 一四九二～天文二十二 一五五三）は、信長の前半生にとって、大変影響があった人物です。「御不弁限りなく、天王坊と申す寺へ御登山なされ」というのは、若き日に信長は不自由なことが多かったが、天王坊（当時の津島神社）という寺に上って学問をしたということです。天王坊に連れて行って、吉法師に学問をさせたのは、平手政秀であったのです。

信長は、十三歳になって右の四人の重臣の世話で元服し、吉法師から信長と名乗りを変え、翌年には、平手政秀が後見をして初陣《ういじん》を飾っています。

右のように、平手政秀は、信長の養育係として若き日の信長に学問・武芸などを教えた武将でした。

この平手政秀は、尾張国随一の外交官でもあり、文化人でもありました。信長の誕生の前年、天文二年（一五三三）には、平手政秀は信秀の重臣でしたが、勝幡《しょばた》城の政秀の館を、京都から公卿の山科言継が訪れています。その時、彼の日記『言継卿記』には、「種々造作《ぞうさく》目を驚かし候了《そうらいおわんぬ》。数寄之座敷《すきのざしき》一段也」(7)とあり、政秀の邸宅の豪華さに都の公卿が驚いているのです。そして、「数寄之座敷《すきのざしき》一段也」とありますので、茶の湯の座敷、おそらく朝倉義景の館跡と同様の書院造りの豪邸の一角に設えられた茶の湯座敷(会所とよばれる座敷であろう)の立派さに驚いていています。

こうした教養の持ち主の平手政秀から、若き信長が書院風の茶の湯を学んでいたことは当然のことと思われます。信長には、茶の湯の素養と美意識とが早くから培《つちか》われていたと推測できます。

また、天文十七または十八年(一五四八または一五四九)、敵対していた美濃国の斎藤道三の娘と信長との婚儀をまとめたのも、この政秀であったと考えられます。対立する尾張と美濃の両国を、和平に導いたのも、平手政秀の外交手腕だったのです。政秀が信秀からの厚い信頼を得ていた武将であったこと、政治的にも大変優れた武将であったことが理解できます。

この政秀は、信長の父信秀が死去し、信長が家督を相続した翌年の正月に自害します。よく、大うつけの信長を諫言した自害だったとも解釈されますが、織田家の内紛が深まる中で立場を失ったからかもしれません。あるいは、信秀の死に殉じた死、いわゆる殉死の風習が残っていたのかもしれません。

信長は、この政秀の自害には大きなショックを受けたようです。翌年、政秀の菩提を弔うために政秀寺《せいしゅうじ》を建立し、父信秀の時代から帰依していた沢彦宗恩《たくげんそうおん》（生年不詳〜天正十五〈一五八七〉）を開山に招いています。

この沢彦和尚は、妙心寺派の禅僧で、美濃の大宝寺の住持を務めていた名僧です。信長の名付け親にもあたりますので、幼い時から、禅の教えを信長は体験していたと思われます。茶の湯の根底にある禅の精神は、おそらく信長の若き日々から彼の精神形成に深く関わっていたと思われます。

さらに、信長が美濃を統一した時も、沢彦和尚から稲葉山の井口《いのくち》の里を「岐阜」と名付けてもらったり、その頃から使用する「天下布武」の印文も沢彦和尚に撰してもらったのです。

信長の人間形成期に多大な影響をおよぼした人物には、平手政秀と沢彦宗恩があげられるでしょう。沢彦から禅を学んだ信長は、政秀からは書院の茶の湯を学んでいたと思われますので、後に信長が茶の湯を深く理解できた素養も、この二人からの影響があったと思われます。信長には、茶の湯を理解する教養が、尾張と美濃の統一の戦いの日々以前から培われていたのです。

ちなみに、天正二年（一五七四）二月三日、美濃の岐阜城を訪れた津田宗及《そうぎゅう》は、信長の茶会に招かれていますが、その時には珠光茶碗が使われています。(8) しかし、水こぼし（建水）は「平手合子《ごうす》」でした。政秀の死後二十一年経った時の茶会ですが、信長は政秀所持の建水を大切に使っていたのです。こうしたところにも、信長の政秀への思いがうかがわれ、彼が残忍・冷徹といった心の持ち主ではない、人間的な一面も垣間見えます。

4　名物狩りと利休の関わり

信長が足利義昭を奉じて上洛した年の翌年永禄十二年（一五六九）の二月、すでに述べたように堺から二万貫の矢銭が支払われ、信長と堺の新たな提携の時代に入りました。その年の四月に、信長は、京都でいわゆる「名物狩り」を行います。初花肩衝・富士茄子などの名物茶入を手に入れます。そして、翌永禄十三年（元亀元 一五七〇）には、堺でも名物の蒐集を始めます。『信長公記』には、次のように書かれています。

然《しこ》うして、信長、金銀・米銭不足なきの間、此の上は、唐物《からもの》天下の名物召し置かるべきの由、御諚《ごじょう》候て、先《まず》、
上京大文字屋《だいもんじや》所持の　一、初花。祐乗坊の　一、ふじなすび。法王寺の　一、竹さ《茶》しやく《杓》。
池上如慶が　一、かぶらなし。佐野　一、雁《かり》の絵。江村　一、も《桃》ゝそこ《底》。以上。
友閑《ゆうかん》（松井友閑）・丹羽五郎左衛門（丹羽長秀）、御使申し、金銀八木《はちぼく》（米）を遣わし、召し置かれ、天下の定目仰せ付けられ、五月十日、濃州岐阜に至りて御帰城なり。[9]

さる程に、天下に隠れなき名物、堺に在り候道具の事、
天王寺屋宗及　一、菓子の絵。薬師院　一、小松島。
油屋常祐　一、柑子口《こうじぐち》。松永弾正　一、鐘の絵。
何《いず》れも覚えの一種ども、召し置かれたきの趣《おもむき》、友閑・丹羽五郎左衛門御使にて、仰せ出ださる。違背すべきに非ず候の間、違儀なく進上。則ち代物《だいもつ》金銀を以て仰せ付けられ候いき。(10)

右の記述は、名物狩りのすべてではないでしょうが、「金銀八木《はちぼく》を遣わし、召し置かれ」「則ち代物《だいもつ》金銀を以て仰せ付けられ候いき」とあるように、「名物狩り」は、信長の命での強制買収であったことが分かります。「狩り」という言葉が、無理強いして奪い取るような印象を与えますが、その実態は、信長の財力が豊富で、その財力を駆使しての名物蒐集・買い入れであったのです。ですから、前章でも触れましたが、名物を差し出した側にとっては、思いもよらない大金で購入してもらったというのが実情だったと思われます。

また、京都・堺の商人たちの手元にあった名物道具の多くは、第二章でも述べたように、戦乱の時代に戦費調達のために武将たちの手から商人に売却されたものが多くあったのです。そ

のなかで、名物道具を売却・質入れした武将が合戦で討死した場合などは、預けていた名物道具は、商人の手元に、今でいえば「不良債権」のように残っていたわけです。

信長の名物狩りには、ある意味で豪商の手元にあった「不良債権の高額買い取り」という意味もあり、商人たちにとっては、おつりが来るほどの高額買い取りは、ありがたい一面もあったと考えられます。矢銭で大出費した後の高額での不良債権買い取りは、商人たちの心をつかんだ一面もあると思われ、信長の名物狩りは、一種の商業政策の一面もあったのかもしれません。

京都・堺の豪商の手元に、名物道具が多く残っていたという背景には、戦乱の時代の戦費調達のために質入れされた道具が多くあったという事情があると思われます。

名物道具の伝来の背後には、戦国下剋上の乱世の事情があったのです。『天王寺屋会記』の津田宗達《そうたつ》の時代の会記を見ていますと、茶器に留まらず唐絵や墨跡など、驚くほど多くの名物道具が様々な堺の商人たちに所持されていたことがうかがわれます。

そうしたなかから、信長は、多く東山御物《ひがしやまごもつ》や唐絵などの逸品を厳選して集めています。決して、松井友閑や丹羽長秀たちに盲目的に集めさせたのではないと思われます。この後の信長の茶会に、室町幕府将軍の威光が輝くような道具を選んだり、道具としての真価が感じられる名物を厳選していたのです。信長には、厳しく確かな眼力があったと思われます。

例えば、ちょうどこの永禄十二年（一五六九）頃と思われますが、岐阜城で信長は宣教師のフロイスに面会しています。そして、日本にはないヨーロッパの鏡・孔雀《くじゃく》の尾・ビロードの帽子・ベンガル産の籐杖を進物として献上されています。しかし、「信長は贈物を見た後、そのうち三つを司祭に返し、ビロードの帽子だけを受理した。彼は贈物のなかで気に入った物だけを受け取っており、他の人たちに対する場合でもつねにそうであった[11]」というように、信長は、自身の眼で判断して必要な物だけを受理しています。人任せにせず、自身の眼と美意識を通して、京都・堺の名物を永禄十二～十三年（一五六九～一五七〇）に集めていたのです。

また、岐阜城でフロイスが信長から接待を受けた時には、信長自らが膳を運び、フロイスは自ら膳を両手で受け取っています。その時の様子がフロイスによって書き残されています。

（前略）そして私が彼の手から食膳を受け取って、彼が私に示した親切に対し感謝の意を表してそれを頭上におし戴いたところ、信長は、「汁〔米飯に添えて食べるスープ〕をこぼさぬよう、真直ぐに持つように」と言いました[12]。

亭主が膳を運ぶこと、両手で客が受け取り、少し高く持ち上げて御礼の意を表すことなど、現在の懐石料理の膳の扱いに残っています。しかも、「真直ぐに持つように」と扱いのコツも信長自ら教えています。こうしたことも、すでに信長は日常のこととして振る舞っていたのですから、上洛以前から茶の湯やその文化への十分な教養は、身につけていたのです。

さて、この名物狩りの一コマを想像できる利休と秀吉との連署の書状がありますので、紹介しておきましょう。

追申候《おってもうしそうろう》。森三右衛門尉方大壺儀《かたのおおつぼのぎ》、貴所御存分尤《もっとも》に候。以上。

いとちや碗《井戸茶碗》、一段見事に存候《ぞんじそうろう》。并《ならびに》、釜も見候。珍敷候《めずらしくそうろう》。右之両種、桑原次右衛門尉に被レ遣《つかわされ》候事候《そうろうことにそうろう》。秀吉も被レ成二御祝著一候《ごしゅうちゃくなされそうろう》。さりとては、御めきゝきとく《目利き奇特》に存候。恐々敬白。

抛筅斎

正月十日　宗易（花押）

秀吉（花押）

木下助兵衛尉殿

御宿所[13]

右の書状は、桑田忠親氏は「元亀末〜天正初年（一五七二〜一五七三）」の頃と推定されていますが[14]、追而書《おってがき》に記された「森三右「左」カ衛門尉」は森可成《よしなり》（大永三〜元亀元 一五二三〜一五七〇）のことと考えられますので、彼は元亀元年に近江で討死していますので、この手紙は、それ以前のものです。まさに名物狩りの最中、永禄十二〜十三年頃と推測できます。

宛名の木下助兵衛尉は、詳細は不明ですが、木下姓からすると秀吉の親族に列した家臣かと思われます。彼が掘り出してきた井戸茶碗を、利休（宗易）は、「一段見事に存《ぞんじ》候《そうろう》」と絶賛しており、彼が見つけた釜に対しても、「珍敷候《めずらしくそうろう》」と褒めています。

「この井戸茶碗と釜は、桑原次右衛門尉に届ければよろしい」と指示しています。桑原次右衛門尉（生没年不詳）は桑原貞也《さだなり》のことと思われ、信長の家臣で、後に秀吉に仕えた武将です。この時は信長の家臣です。彼がこの井戸茶碗と釜とを主人の信長のもとに取り次ぐ役割なのでしょう。「秀吉も被レ成二御祝著一候《ごしゅうちゃくなされそうろう》」と、利休は、「秀吉も大変喜んでおられます」と書いているのは、おそらく信長にこの掘り出し物の井戸茶碗と釜とは、秀吉が掘り出した物として献上されるからでしょう。お手柄は、秀吉が持っていく形ですので、利休は「御めきゝきとく《目利き奇特》に存候」と重ねて木下助兵衛尉を褒めています。手紙の内容自体は、明らかに利休の文面で、秀吉の署名は家臣に対しての署名のようなものと思われます。

さて、追伸部分が、名物狩りの頃であったことをさらに推測させます。「森三右衛門尉が見つけた茶壷については、あなたの方で適当に処理して結構です」という意味でしょう。つまり、森可成が見いだした茶壷は、利休の目から見ると、信長に献上するほどの物ではなかったのです。

こうして、木下助兵衛尉の掘り出した井戸茶碗と釜が、利休の目利きを通して、秀吉の名でもって信長のもとに届けられたと思われます。

このような道具への目利き・眼力が、この頃信長の目にもとまったのでしょう。信長は、自身の茶の湯政策には、宗及・宗久といった政商の立場の茶人ではなく、利休というまさに茶の湯に優れた真の専門家を求めたのでした。

信長の名物狩りの一コマに、こうした秀吉と利休の親密な関係と、それを通じての宗及・宗久たちの信長への推挙があり、前章でも述べた永禄十二〜三年頃に、利休は、茶頭として信長に仕えたのだと思われます。秀吉も、すでにその頃から利休との親交を茶の湯を通じて深めていたことも推測できるのが、右の書簡です。

【註】

（1）桑田忠親著、小和田哲男監修『戦国武将と茶の湯』宮帯出版社、二〇一三年、五八〜六〇頁（括弧内は筆者が注す）。

（2）池上裕子『人物叢書　織田信長』吉川弘文館、二〇一二年、八～九頁。
（3）熊倉功夫校注『山上宗二記　付茶話指月集』岩波文庫、二〇〇六年、九五頁。
（4）『茶話指月集』（千宗室ほか編『茶道古典全集　第十巻』淡交新社、一九六一年）二一二頁。
（5）福井県立一乗谷朝倉氏遺跡資料館ＨＰ（http://asakura-museum.pref.fukui.lg.jp/010_about/exhibition.php 二〇二一年四月十二日）
（6）太田牛一著、桑田忠親校注『信長公記』新人物往来社、一九九七年、二一～二二頁。
（7）『言継卿記』（高橋隆三、斎木一馬、小坂浅吉校注、続群書類従完成会、一九六六年）天文二年七月二十日の項。
（8）『信長茶会記』（創元社編『茶道全集　巻の12』一九三七年）天正二年二月三日の条。
（9）同註（6）巻三「名物召し置かる、事」九七～九八頁。
（10）同註（6）巻三「名物召し置かる、事」一〇三頁。
（11）川崎桃太『フロイスの見た戦国日本』中公文庫、二〇〇六年、三二～三三頁。
（12）同註（11）四四頁。
（13）「利休自筆書状の写し」（桑田忠親『利休の書簡』河原書店、一九六一年）第二十三号書簡。
（14）同註（13）一八頁。

第六章

織田信長と利休の茶の湯改革

1　信長の合戦と茶会

永禄十一年（一五六八）の織田信長の上洛時点では、信長によって将軍の座についた足利義《よし》昭《あき》と信長の関係は良好でした。足利義昭は、信長に管領《かんれい》職に就くか、副将軍にしようかと誘ったほどです。しかし、信長は、義昭の申し出を受けることなく、堺と近江の大津、草津を直轄地にすることを申し出ました。元亀元年（一五七〇）姉川の戦いに勝利した信長は、近江国の都市、国友を支配下に置きました。堺・国友両都市ともに鉄砲の生産地でしたし、堺・大津・草津などの地域は、経済・情報・流通においては先進地帯でしたので、信長の勢力基盤は、この地域を支配する上で大きく強化されたのでした。

さて、元亀元年には、将軍義昭と信長の関係は、対立的な関係に悪化していきます。信長は、上洛の当初は室町幕府の再興を求めていたのでした。しかし、将軍義昭の身内優遇の態度などに、潔癖な性格の信長は我慢がならず、この年の正月には五カ条の条書でもって義昭を非難し、元亀三年（一五七二）の九月にも十七カ条の異見書で義昭を非難します。

義昭もこの年までに、信長包囲網を形作るような政策を推し進め、越前の朝倉氏、近江の浅井氏、阿波の三好氏、比叡山の天台宗勢力、甲斐の武田氏などの反信長勢力を結集させようともくろんだのでした。

両者の対立はエスカレートし、信長は、一時は厳しい状況に陥りましたが、逐時信長包囲網を撃破して、ついに元亀四年（一五七三）足利義昭を追放し、室町幕府を滅ぼし、年号も信長が希望していた「天正」と改まります。翌年の天正二年（一五七四）は、信長政権の実質元年といってもよいでしょう。そして、天正四年（一五七六）には、安土城の築城開始となっていくのです。

足利義昭を追放した元亀四年、つまり天正元年から天正四年にかけても、信長の戦いは続きます。この信長の合戦と合戦との合間に、信長は、京都で大きな茶会を大寺院で開催しています。簡単に信長の合戦と茶会との関係を見てみますと、次のようになります。

永禄十一年（一五六八）　九月　足利義昭を奉じて上洛。
元亀元年（一五七〇）　六月　姉川合戦で浅井・朝倉氏に勝利。
　　　　　　　　　　　八月　三好三人衆を攻める。
元亀二年（一五七一）　三月　**東福寺にて茶会**（茶頭　今井宗久《そうきゅう》）。
　　　　　　　　　　　九月　延暦寺焼き討ち。
天正元年（一五七三）　七月　将軍義昭を追放し室町幕府滅亡。
　　　　　　　　　　　八月　越前朝倉氏を滅ぼす。

九月　近江浅井氏を滅ぼす。

十一月　**妙覚寺にて茶会**。

天正二年（一五七四）　三月　**相国寺にて茶会**

利休（宗易）**が濃茶の茶頭・宗久は薄茶**（利休が頭角）。

（蘭奢待《らんじやたい》を切り取り利休と宗及にも下賜）。

九月　長島一向一揆を殲滅《せんめつ》。

天正三年（一五七五）　五月　長篠合戦で武田軍に大勝。

八月　越前一向一揆を殲滅。

十月　**妙覚寺にて茶会**（茶頭　利休）

十一月　従三位権大納言に叙任。右近衛大将に任官。

天正四年（一五七六）　**信長、安土城築城に着手**。

右のように、安土城築城までは、信長の茶会は日蓮宗か禅宗の大寺院で開かれており、合戦と合戦との合間に茶会が開催されるということになっています。

禅宗は、信長の経済・情報・兵站補給を担う堺の町衆の信奉する宗派で、特に臨済禅は政権に協力的ですし、日蓮宗は、京都の商人たちの信奉する宗派でした。信長の商業・宗教政策上、日蓮宗は保護すべき宗派だったのです。また、中世の大寺院は、周囲が堀に囲まれた都市城塞でもありましたから、信長の軍隊が駐屯するにふさわしい場所でした。

その寺院を使って、合戦・茶会・合戦・茶会というふうに、茶会が繰り返されたのでした。合戦の後の茶会は「戦勝茶会」となりますし、次に来る合戦のためには軍団の「結束茶会」となるわけです。つまり、信長の大寺院を使った規模の大きな茶会は、信長の政権の秩序作りに機能する武家の儀礼へと変化していったのでした。

戦《いくさ》が信長の勝利に終われば、敗北した側の武将は信長の軍団に下り、その一員に組み込まれていきます。信長の勢力範囲が広がるにつれ、信長軍団は拡大していきます。信長を頂点とする信長政権の秩序の形成が必要となっていきますが、信長の政権は、天正四年（一五七六）頃までは軍事政権で、いまだ制度・秩序などを作り出す官僚組織が充分に整っていません。そこで、軍団の拡大につれて、茶会が信長政権の秩序作りに機能したのです。信長の茶会に招かれることにより、信長の秩序に客の武将たちは組み込まれていきます。茶会は、信長を頂点とした秩序の形成を促す武家の儀礼となったのでした。

2　戦勝茶会と堺衆

信長の茶会には、室町将軍の権威を象徴する名物道具や、戦利品としての名物道具が飾られました。信長の背後に、室町将軍の権威や武家の最高実力者としてのイメージを招かれた配下の武将に抱かせ、そこで茶と食事が振る舞われて、信長の秩序の中に客の武将たちは組み込まれていくのでした。そうして、信長に臣従する儀礼としての茶会が、武家の文化として形成されていったのです。

その茶会を演出するのが、利休（宗易）・津田宗及《そうぎゅう》・今井宗久たち堺の商人たちでした。彼等は、信長の戦争の兵站補給をし、戦勝茶会・結束茶会を運営したのです。

例えば、前節に示した略年表にあるように、信長は、天正三年（一五七五）八月、越前の一向一揆を殲滅しています。

この信長の合戦に、堺の衆が鉄砲の弾丸を補給していたことが分かる信長の書状が表千家に所蔵されています。「織田信長黒印状　千利休宛」[1]と呼ばれているものです。これは、利休の「抛筌斎《ほうせんさい》」の号の初出の資料でもあります（図14）。

利休が個人の財力で鉄砲の弾丸を千も信長に届けたということは考えられません。この書状（感謝状）は、堺の衆、すなわち津田宗及や今井宗久たち、堺の町のリーダーたちが信長からそれぞれいただいたものの一通と思われます。現存しているのは図14の表千家所蔵の利休宛て書簡だけですが、千家であるからこそ掛軸として今日まで残ったものでしょう。堺の有力な町衆も同様の感謝状をいただいていたことが推測できます。
右の信長黒印状からも、堺の町衆が信長軍団の兵站補給を担っていたことが分かります。右の書状が天正三年のものと判別できるのは、「就越前出馬《えちぜんしゅつばにつき》」とあることもその確定要素の一つですが、書状の年次については、天正元年の越前・近江攻めの直後とも考えられます。しか

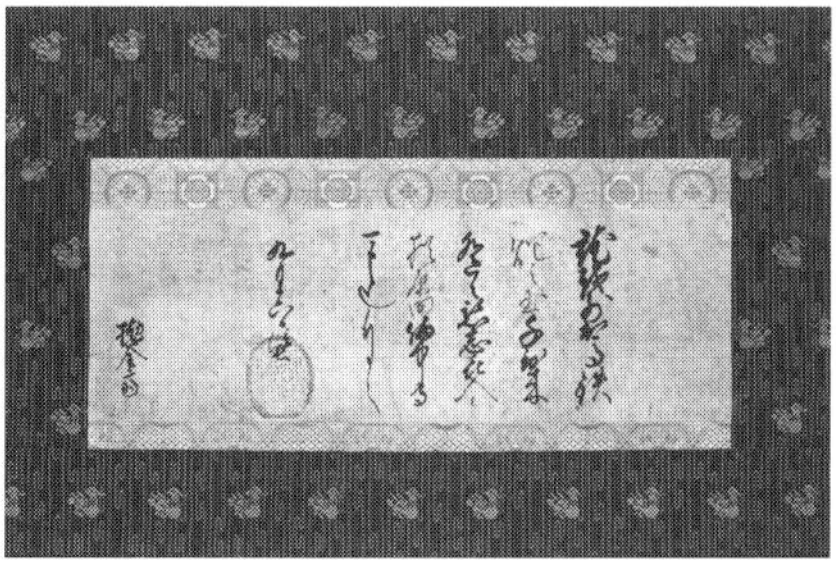

図14　織田信長黒印状　千利休宛
（表千家不審菴蔵）

就越前出馬《えちぜんしゅつばにつき》、鉄
砲之玉千到来、
遥々《はるばるの》懇志《こんし》喜《よろこび》入《いり》候《そうろう》、
猶《なお》原田備中守
可申候也《もうすべくそうろうなり》、恐々謹言
九月十六日　信長（天下布武印）
抛筌斎

し、「猶《なお》原田備中守可申候也《もうすべくそうろうなり》」（なお、原田直政が信長の感謝の言葉については、直接伝えるの意）とありますので、信長の家臣の原田直政が「備中守」となったのが、天正三年七月ですので、天正三年と確定できるのです。

さて、この二年前の天正元年の越前朝倉氏・近江浅井氏攻めの後の茶会、すなわち、天正元年（一五七三）十一月二十三日の妙覚寺茶会を『天王寺屋会記』「宗及他会記」で見てみましょう。

天正元年十一月二十三日　於京都妙覚寺

信長様御会　人数　宗悦《塩屋》　隆仙《松江》　宗及

一　御床ニ　**大軸ノ月絵**

一　御炉　半鶴くひ《首》の御釜、くさりにて、

一　御台子ニ　白天目《はくてんもく》 モヨキノ金襴ノ袋 浅黄ノオツカリ也、 台 ケイシャウ《（珪璋）》 黒キカウ龍也、

一　御炭入　瓢箪、前ニ　池田清貧所持ノ也、

水指ナシ、金ノバウ《棒》ノサキ水下

一　御茶堂　梅雪　仕候也《つかまつりそうろうなり》、

一　**御茶過テ、大軸帆帰之絵、月ノ絵上へ御カケナサレ候也、**

白天目、従大坂《おおさかより》進上之刻也《みぎりなり》、始而《はじめて》拝見申候、比《（ころ）》言悟《（語）》道断候、ナリ・土薬何《いずれ》モオモイ

トハナシ、

大軸二フク《幅》ナガラ始而《はじめて》拝見候、従越前上《えちぜんよりのぼ》リ申候、

表紙、上下茶色ノ比《（北）》絹、中白地金襴、鳥ヲモンニ織候、

一文字風体モヘキ金地ノ金襴也、

御松　善七殿

御通衆《おかよい》

久太郎殿

……（中略）……

信長様被成御出《おいでなされ》、自身御しいさせられ候、

御衣裳、上ニ桐ノモンノ白綾、アイ《（間）》ニトシオリ《（綴織）》、下ニ黄ネリ《（練）》御あわせ《（袷）》、あお《（青）》茶ノ御かたぎぬ、浅黄ノ御はかま、御脇指バカリニテ、

同晩ニ御礼ニ参候、夕庵披露、

御馬拝領并雁、鱈被下候、

此御馬、越前前波九郎兵衛進上ノ馬也、毛ハカゲ《（鹿毛）》、一段ノ早道也、

同二十四日に堺へ帰津候、[2]

右の茶会記は、浅井氏・朝倉氏を滅ぼした合戦の後の戦勝茶会です。

第三章の5節でも述べましたが、「人数　宗悦《塩屋》　隆仙《松江》　宗及」に「人数」と記されているのは、「人数」の下に記された「塩屋宗悦・松江隆仙・津田宗及」の三人を指すのではなく、彼ら三人が信長から茶を振る舞われるまでに、「たくさんの人数の武将が招かれた」という意味で、「数」は「あまた（数多）」の意味です。つまり、この茶会は、今日でいう「大寄せ」の形式の茶会でした。

「御茶堂　梅雪　仕候也《つかまつりそうろうなり》」とあるように、信長の初期の頃の茶頭の「梅雪」が点前を担当していますが、この席までは、宗悦・隆仙・宗及たち堺衆が招かれた多くの武将に茶を点てていたのでしょう。

ちなみに、この梅雪は、『山上宗二記』に、「我が茶湯をば取り乱し、天下へ出で、坊主頭する者は、梅雪同前なり」(3)と酷評されている茶人ですので、この頃から信長の茶頭の地位を堺衆に奪われていったのかと思われます。

さて、この席は、一旦終了した妙覚寺の「信長様御会」の最後に、信長が世話になった宗及・宗悦・隆仙にねぎらいの席を設け、宗及はその時の様子を書き留めているのです。「人数」（人《ひと》数多《あまた》）の会が終わり、それまで茶頭を担当して茶会を運営した宗及たちをねぎらって、信長が自ら亭主をしています。

そのことは、会の始めから床に掛かっていた「大軸ノ月絵」（瀟湘八景の一つで牧谿筆の大軸「洞庭秋月図」（であろう）の上に、信長は、「御茶過テ、大軸帆帰之絵、月ノ絵上へ御カケナサレ候也」と、茶を振る舞った後に、「大軸帆帰之絵」つまり大軸の「遠浦帰帆」の軸を掛けているところに表れています。いくら、「御茶過テ」とあっても、床の軸の上にもう一つの軸をかけ重ねるということは、普通の席ではあり得ません。このことは、宗及たち三人を招いた席が、「人数」を招いた大茶会が終わった後のねぎらいの席であることを示しています。

そして、宗及は、この二つの軸を「大軸二フク《幅》ナガラ始而《はじめて》拝見候、従越前上《えちぜんよりのぼ》リ申候」と記しています。つまり、この大軸の二幅がともに「従越前上《えちぜんよりのぼ》リ申候」とあるように、越前の朝倉義《よし》景《かげ》を滅ぼした合戦の戦利品を意味しているのです。

床の「大軸ノ月絵」を拝見した「人数」の武将たちは、朝倉・浅井氏を滅ぼした信長の軍事力に感じ入ったことと思われます。信長は、「実は、もう一つあるぞ。見せてやろう」と、ねぎらいの席ですから、「大軸帆帰之絵」をその上にかけたのでしょう。

さて、茶碗も「白天目、従大坂《おおさかより》進上之刻也《みぎりなり》」とあるように、おそらく大阪の石山本願寺からの献上品と思われます。「白天目」は、和物の天目の最高峰と評価され、当時唐物を凌ぐほどの評価を得ていました。

料理のお運びは、「御通衆《おかよい》　御松（不詳）　善七殿（矢部善七）　久太郎殿（堀秀政）」と、信長の側近衆が務め、信長自ら「信長様被成御出《おいでなされ》、自身御しいさせられ候」と三人の食事の世話をしています。

まさに、堺衆の働きをねぎらう席で、「御馬拝領并雁、鱈被下候」とあるように、土産も馬・雁・鱈を宗及は頂戴しています。

信長がいかにこの合戦の勝利を喜び、勝利と茶会の背後にある堺衆の働きに感謝していたかが伝わってきます。

3　台子点前の改革

こうした信長の大寺院を舞台にしての茶会は、今日の濃茶席・薄茶席・展観席・点心席などを設けた大寄せの茶会の原型かと思われます。信長の秩序作りに、大茶会が機能したのです。そこでは、格の高い台子の茶の湯が用いられたのでしょう。

台子の茶の湯は、皆具《かいぐ》を飾って儀式的に行われます（図15）。今日でも、神仏に茶を献じる儀式で見られますが、この台子の茶の湯の点前を、利休（宗易）が信長の時代に完成したという逸話があります。利休の愛弟子である細川三斎が語った伝承です。

信長殿には、台子の茶湯をも天王寺屋宗及教えたり。然《しか》れども、（宗易　利休）、口を聞き候由、聞こし召し及ばれ候て、召し出だされ、台子にて、易、点てられ候なり。信長殿は、立ちながら御覧成され候なり。「三所《ミトコロ》、手違いたる」と仰されければ、易、答えて云わく、「其《その》事にて御座候えども、其ごとく仕り候へば、手間入り悪しく候。是はもじれ候」抔《など》と、一色に三色程づつ開《ヒラキ》を申し上るなり。是より下へ名上る[4]。

当初、信長に、台子の茶の湯は津田宗及が教えたということです。『山上宗二記』には、津田宗及の父の宗達《そうたつ》のことが「堺、津田宗達、台子の厳《かざ》り、一世の楽しむ人[5]」と書かれていますので、その子の宗及もまた台子飾りの茶の湯の点前には長じていて、信長の茶会の台子の点前を彼が指南していたのかも知れません。しかし、宗達・宗及父子の点前は、おそらく一時代前の点前で、室町時代の書院の茶の湯の流れを受けた点前であったのでしょう。

それに対して、宗易（利休）が異見を述べたことを信長が聞き、宗易は召し出されて、台子の点前を信長に披露させられたのでした。「信長殿は、立ちながら御覧成され候なり」という所には、並々ならぬ興味を抱いて利休の点前を観察する信長の姿が目に浮かびます。たちどころに、信

図15　利休所持 真台子と唐銅皆具
（表千家不審菴蔵）

長が「三カ所、私の知っている点前と作法が違うぞ」というと、利休は、「そのことでございますが、昔通りの作法でしたら、手数が多く、複雑になります」と、信長の指摘した箇所について、それぞれ三点くらいの説明をしたのでした。

信長は、その説明に合点して、利休の名が天下に知られた、ということです。

ここには、複雑な作法を省略し、合理的で簡素な点前に台子の茶の湯を改革した利休の工夫が語られています。ここにも、利休の「マイナスの美学」の精神が見て取られます。

ちなみに、この伝承が、江戸時代に入ると、信長が豊臣秀吉に変化して、『茶話指月集』で伝えられるのでした。

> ある時、豊臣関白秀吉公、始て千ノ宗易に、台子の茶の湯仕べきよし仰出さる。そのころ、辻玄哉《つじげんさい》(つじげんやとも)というもの、古来の台子をしる。宗易玄哉所へゆきて古流をならい、御殿《(コ)》においてつかうまつる。公、上覧の後、「われもむかし台子をならう。汝《ナンチ》が茶湯、格にたがうところあり。奈《イカン》」と御尤《トガメ》候を、宗易、「古流はそこ〳〵品《シナ》おほく、おもわしからず候により、略して仕候《つかまつりそうろう》」と申上る。公「さては、其ならいしらざるにあらず。最《もつとも》におぼしめす。向後、茶に嗜《スケ》るめん〳〵、宗易が台子見ならうべき」よし仰られ、却て御感に預る。夫《ソレ》より千家、古流を閣《サシオキ》、利休が当流相承し来る。[6]

右の伝承は、秀吉が利休に台子の茶の湯の点前を命じたというものですが、秀吉が関白の時には、辻玄哉はすでに没していますし、農民出身の秀吉が、「われもむかし台子をならう」ということはあり得ません。利休の完成した千家の台子点前が権力者の秀吉との間でできたとした方が、「夫《ソレ》より千家、古流を閣《サシオキ》、利休が当流相承し来る」というように、権威をもって伝えられたからでしょう。本来は、信長との関係において、武家の儀礼としての台子の茶の湯は完成したのでした。

4　茶の湯改革は信長時代

信長によって、茶の湯は武家の儀礼、武家の文化に高まったのでした。そして、茶の湯の道具や作法なども、簡素に侘びた方向へと利休は工夫して改革を始めます。そこには、例えば先の台子点前の改革で、「其ごとく仕り候えば、手間入り悪しく候。是はもじれ候」「古流はそこ〳〵品《シナ》おほく、おもはしからず候により、略して仕候《つかまつりそうろう》」とあるように、簡素化と合理性の精神がその根底に見られます。古いしきたりなどにとらわれず、合理的に思考し、新たな改革を推し進める下剋上の道を上りつつある信長の心に、利休のマイナスの美学や合理精神による茶の湯の工夫は、共鳴するものがあったのです。

利休の茶の湯改革の背中を押したのは、織田信長といっても過言ではありません。
そのことを象徴的に物語る利休の茶の湯改革の例があります。それは、信長の政権の実質元年ともいえる「天正二年（一五七四）春」と利休が自筆で筒書きした「中節茶杓」に見られます（口絵㊃）。

元来、茶杓というものは、中国では象牙や金属でできていました。大変高価な素材で、象牙などは、中国の皇帝でも輸入しなければ手に入らないのですから、まして日本では最高級の素材なのです。このような高価な材料の代用として、日本では身近な竹が用いられるようになります。しかも、象牙などの茶杓には、節などあり得ませんから、真の形（本来の節のない形）の茶杓には当然節はありません。また、利休の師匠の武野《たけの》紹鷗《じょうおう》の時代でも、紹鷗形と呼ばれる竹茶杓は、茶杓の一番手元に節がある形でした。「止め節」とか「下がり節」と呼ばれる形です。これは、袱紗《ふくさ》で茶杓を清める時に、節があると邪魔ですから、節がある場合は、節を最も手元にもってきたのでした。

利休は、この茶杓の嫌われ者の節を、茶杓のほぼ真ん中にもってきて、茶杓の主人公に引き上げたのでした。これが「中節」と呼ばれる形の茶杓です。

もともと、象牙などの高級材料を用いず、下手《げて》の素材である竹を使い、前時代には避けられていた竹の節を、利休は、茶杓の中心において、中節の茶杓を好み、それが今は茶杓のスタンダードとなったのです。

　利休のひ孫に当たる表千家の四代家元、江岑宗左《こうしんそうさ》も、「茶杓、節中に有は、宗易このミより之《の》事」[7]伝えています。

　利休は、室町時代以来の象牙の茶杓を最高と考えていた意識を逆転させ、下手の素材の竹でもって、袱紗で清める時の邪魔者の節を茶杓の主人公に引き上げ、その中節茶杓を茶杓の標準的な形に高めたのでした。これは「文化の下剋上」と呼ぶにふさわしい道具改革でした。

　ところで、利休の中節茶杓の工夫は、決してデザインの観点からのみ発想された改革ではありません。

　茶杓には、まっすぐな茶杓を「直《すぐ》腰」と呼びます。直腰の茶杓は、中節の茶杓の場合、節の下側が平らで、茶杓全体は、横から見ればまっすぐな水平状の形です（次頁図16）。

　ところが、利休の中節茶杓は、多く節の下が削られてへこんでおり、ちょうど虫の蟻《あり》の胴体とお尻のような真ん中がくびれた形状をしていることから、「蟻腰」と呼ばれています。普通竹の茶杓は、まっすぐな竹を使用して、平らに削って作りますが、中節茶杓の蟻腰の茶杓は、節の裏側がへこんだ形に削り込まれています（次頁図17丸印部分）。

　この蟻腰の茶杓の形は、実は茶杓作りにおいては、技術革新・技術革命ともいうべき工夫の産物なのです。

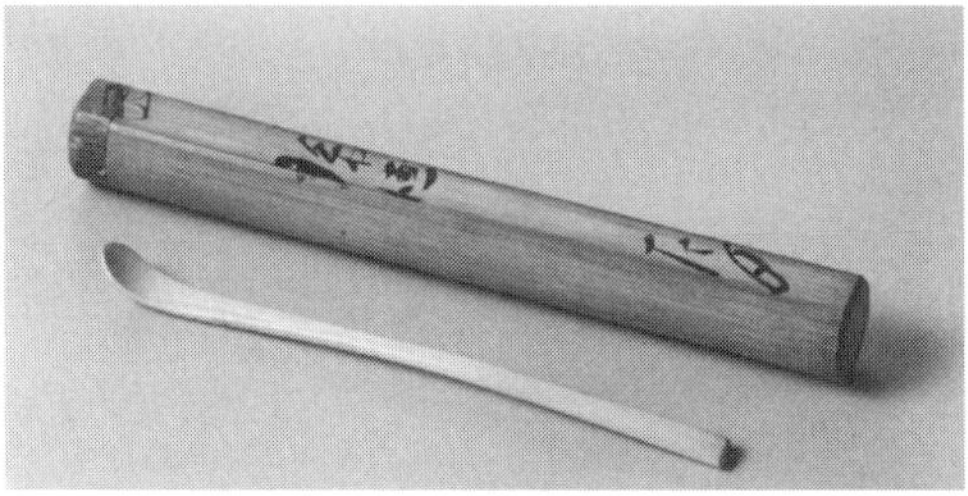

図16　朱徳形象牙茶杓　覚々齋筒書(個人蔵)

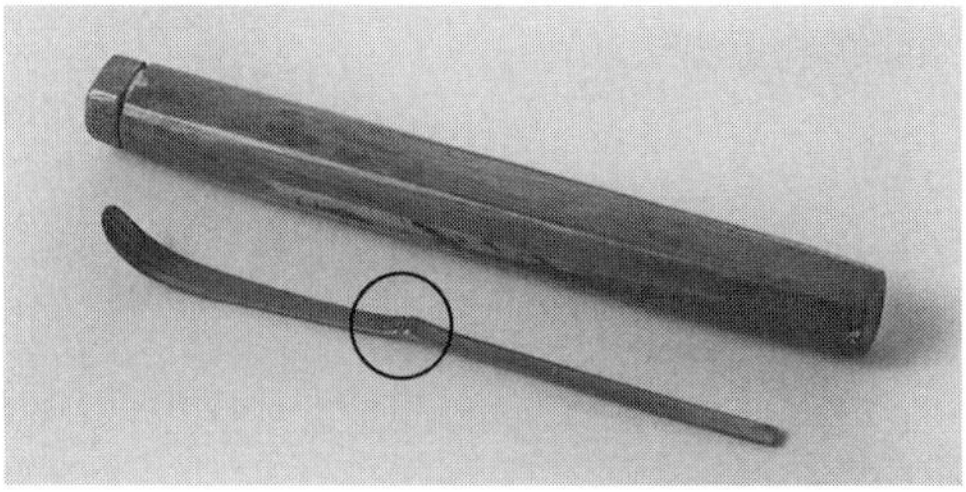

図17　利休中節・蟻腰茶杓　宗旦筒書(個人蔵)

茶器には、様々な形がありますが、薄茶器の棗や金輪寺《きんりんじ》、頭切《ずんぎり》などといった種類には、蓋の形状が緩やかな山形の曲線を帯びたものがあります。つまり、蓋の上が緩やかな球面をしているものがあるのです。こうした茶器の蓋に、直腰の茶杓を取り合わせますと、蓋と茶杓の接点が一点になるため、風などが当たったりしますと、クルクルと茶杓が回ったり、安定しにくくなるのです。ところが、蟻腰の茶杓ですと、茶器の蓋と茶杓との接点が節裏の二点で接しますので、極めて安定するのです。

おそらく、利休の中節茶杓の工夫は、そのような点前における合理性・機能性も意識しての工夫だと思われます。

利休の茶道具・茶の湯改革には、このような機能を考慮した一面があったことも注目できるのです。

5　ハタノソリタル茶碗

茶道具の改革における機能面の工夫といえば、長次郎（生年不詳〜天正十七 一五八九）に焼かせた樂茶碗があります。長次郎は、中国の南方から渡来したと考えられる「阿米也《あめや》」と呼ばれる陶工の子供でした。[8] 樂茶碗は、利休の指導で作り出された茶碗です。

さて、長次郎の最も古い作品に、茶碗ではありませんが、獅子の立像（二彩獅子【重要文化財】）があります。この獅子像の胸には、「天正二年春　長治郎依命《めいにより》　造之」と彫りあり、この像が天正二年（一五七四）春、すなわち、信長政権の実質元年の年に作られたことが分かります。しかも、「依命《めいにより》」とありますので、おそらく信長の命によって作られたものと推測できます。

この年は、先述した利休の中節茶杓の削られた年でもありますので、信長の元で茶頭として頭角を現した利休と、信長の命で獅子像を作った長次郎とが、全くふれあっていなかったとは考えにくいと思われます。二人の出会いは、信長時代であったと考えられます。

また、樂美術館のホームページには、樂家について、次のような解説が記されています。

樂家がこの地に居と窯場を構えたのは桃山時代に遡ります。天正四年（一五七六）に京都法華寺再建のための勧進帳記録（京都頂妙寺文書）に田中宗慶、はじめ二代常慶、宗味の名前が残されており、それによると、宗慶は南猪熊町、常慶は中筋町、宗味は西大路町に住まいしていたことを確認することができます。南猪熊町は後に聚楽第の利休屋敷があったあたりと考えられます。現在の樂家の場所には、聚楽第が造営された頃に現在の地に移ったのではないかと考えられます。(9)

右の記載によれば、現在の樂家の家祖である宗慶・宗慶の子の二代常慶（吉左衛門）・宗慶の子で長次郎の義父にあたる宗味（庄左衛門）たちが、天正四年には京都の町中に住み、陶工として活躍していたというのですから、天正年間の前半、すなわち信長時代には、利休と樂家とのふれあいは十分に考えなければならないと思います。

確かに、樂焼きの名称が「聚樂焼」というところから来ているので、私たちは、ともすれば樂茶碗が秀吉時代に出現したように思いがちですが、先述の利休の台子点前の伝承が信長から秀吉に移っていったのと同様の背景で、樂茶碗の初出を秀吉時代と考える先入観が生まれたのではないかと考えられるのです。

「聚樂茶碗」の名称は、実はずっと後で、宗旦《そうたん》の時代に会記で見られるのです。利休の時代は、「今焼《いまやき》」茶碗で、具体的な固有名称はまだありませんでした。

確実に樂茶碗と解される会記での初出は、『松屋会記』「久政茶会記」の天正十四年（一五八六）の十月十三日の条とされています。

十三日朝
一、中坊源吾〔井上〕殿へ　宗治　宗立　久政　三人
三条敷、自在釣物　ツルへ〔水指〕　サツウ〔茶桶〕　**宗易〔利休〕形ノ茶ワン**　オリタメ

御茶極ム〔無〕、スイ（吸）茶ハ宇治・久政・宗立・源五〔井上〕殿也、　メンツ　引切
七九（紫竹カ）茶筅　　ウス茶　別儀
ヒス（氷頭）ナマスシラカ入、汁アワヒ ヒラ竹
カサワンニ
タイナヘヤキ　　飯　惣クワシコンニヤク一色[10]

右の記事の「宗易〔利休〕形ノ茶ワン」が長次郎茶碗であることは確かでしょう。しかし、天正十四年以降と考えるのは、信長時代に利休が長次郎一族と交流を持っていたと考えられること、また長次郎の没年（天正十七年）を考えると、長次郎茶碗の出現（もちろん、文献上での）が少し遅いようにも思われます。

すると、すでに今日まで紹介され、それが長次郎の茶碗という確証がないので、現在慎重に扱われている『天王寺屋会記』「宗及他会記」の天正八年（一五八〇）十二月九日の条の記事がやはり注目されます。

同十二月九日朝　　宗《千》易会　　宗及　宗二
かたのたれたる釜也、

一　炉　始而《はじめて》之かま《釜》也、自在ニ、

一　床　輝東陽之墨跡、かけて、前ニ葉茶壺、但、了真《マイスケ》ヨリ被買壺也、

一　手水間、床ニ細口、鶴のはし、白梅生而、

一　**ハタノソリタル茶碗**　なつめ　前後ニ茶碗也、切目茶桶

コドウ（胡銅）ノ合子、ホリ物アリ、(11)

右の「ハタノソリタル茶碗」は、口辺部が外側に反った茶碗という意味です。樂茶碗は、基本的には内側に向いたような口辺の形状です。そういうところから、これは樂茶碗ではないとされたのかもしれません。しかし、長次郎作の赤樂茶碗、銘「道成寺」は、まさにこの形状に一致していて、このような形状のいわゆる高麗茶碗の熊川《こもがい》形を似せた形から樂茶碗が始まったと思われます。

『山上宗二記』には、次のような記述があります。

惣別《そうべつ》、茶碗の事、唐茶碗は捨《す》たりたるなり。当世は高麗茶碗、今焼茶碗、瀬戸茶碗以下までなり。(12)

「高麗・今焼・瀬戸」茶碗が利休の時代には評価されていたのですから、樂茶碗が高麗風の「ハタノソリタル」形状から始まったとすると、そののち、現在の典型的な樂茶碗の深みのある形状に進化したとも考えられます。「道成寺」が現存するのですから、そのような形から樂茶碗が工夫されたとすると、天正八年という信長時代に、樂茶碗も産声を上げていたと考えても不自然ではないように思われます。『天王寺屋会記』を記している宗及の筆致にも、どのように表現しようかと迷うほどの驚きの気持ちが感じられます。

この樂茶碗は、轆轤《ろくろ》を使わず、手捏ねで成形され、土物といわれる陶器では異例の高温で、屋内の小さな窯で焼成されます。大量生産の登り窯のような窯で焼成するのとは、根本的に異なる製法です。しかも、鞴《ふいご》で窯に空気を送り、高温に熱します。この技術は、明らかに刀剣を作る鍛冶《かじ》の技術を取り入れたものでしょう。

しかも、樂焼きの土は、極めて細かかったのか、これほどの高温焼成でも形が崩れないということです。樂茶碗の形状は、土で成形する段階でほぼ決まっているのです。

私は、有田焼の先代の今泉今右衛門さんと講演で一緒になり、その楽屋で、今右衛門さんが樂覚入氏から「樂焼きも、あなたの扱う磁器と同じように、焼く前から形は決定しているし、釜から出した時も形は崩れない」ということを聞かされ、実際に焼成を見学して、「目から鱗でした」と感慨深く話されたのを思い出します。

樂焼きは、土の吟味、成形、釉掛け、焼成まで、それまでの焼き物とは全く異なる手法で作り出された焼き物です。そこには、本来瓦などを作る陶工の成形の技術が、あたかも彫刻を作るような方法で加わっていたのだと思います。

おそらく利休の指導で、いくども試作が重ねられてできたのが樂茶碗だったのでしょう。そこには、過剰な装飾をすべて排除したような、深遠な深みのあるデザインが生み出されています。轆轤形成では生み出されない、手のひらにすっぽりと抱かれて、内側に意識が吸い込まれるような不思議な茶碗が生み出されたのでした（口絵㊂）。

しかし、樂茶碗の機能上の革新性は、その保温の良さと思われます。熱伝導率の低い茶碗で、いつまでも温かに茶を保つことのできる樂茶碗は、複数の人たちが茶を喫する濃茶の回し飲みに最適なのです。

例えば、古い唐物などの磁器の茶碗の扱いでは、飲む人は親指を茶碗の口辺に、中指を高台の角において飲んでいたようです。利休の孫の千宗旦がこの古い飲み方を守っていたという記録もあります。しかし、当時の唐物茶碗や瀬戸茶碗は、熱伝導率が高く、手に持つと熱く感じられ、自然と先述のような茶碗の持ち方になったのでしょう。また、熱伝導率が高いと、回し飲みをする際に、末客に茶碗が回る時には、放熱して茶が冷めてしまうということがあったと思われます。今でも濃茶の稽古の時には、「詰のお客まで暖かく飲めるように」と注意されます。

樂茶碗は、手でじっくりと茶碗の感覚を楽しみつつ、末客まで温かな茶を回すことのできる画期的な茶碗で、ここにも樂茶碗の機能の革新性を感じることができるのです。これも吹子《ふいご》を使って高温で短時間に焼成する画期的な技術革新がもたらしたものでしょう。

【註】

（1）「織田信長黒印状千利休宛」表千家不審菴ＨＰ（http://www.omotesenke.jp/list3/list3-1/list3-1-2/二〇二一年三月三日）

（2）『天王寺屋会記』「宗及他会記」（千宗室ほか編『茶道古典全集　第七巻』淡交新社、一九五九年）天文元年十一月二十三日の条。

（3）熊倉功夫校注『山上宗二記　付茶話指月集』岩波文庫、二〇〇六年、九七頁。

（4）「三斎公伝書」（松山米太郎編『茶道四祖伝書』秋豊園、一九三三年）

（5）同註（3）一〇二頁。

（6）『茶話指月集』（千宗室ほか編『茶道古典全集　第十巻』淡交新社、一九六一年）二〇二頁。

（7）『逢源斎書』（千宗左監修、千宗員編『江岑宗左茶書』主婦の友社、一九九八年）二七頁。

（8）楽吉左衛門『楽焼創成：楽ってなんだろう』淡交社、二〇〇一年、一五～一六頁。

（9）楽美術館ＨＰ（https://raku-yaki.or.jp/raku_family/index.html　二〇二一年三月三日）。詳細は樂直入「楽焼きと樂家」『定本　樂歴代』樂美術館監修、樂吉左衛門、樂篤人著、淡交社、二〇一三年、二七八頁を参照のこと。

（10）『松屋会記』「久政茶会記」（千宗室ほか編『茶道古典全集　第九巻』淡交新社、一九五七年）天正十四年十月十三日の条。

（11）同註（2）天正八年十二月九日の条。

（12）同註（3）三四頁。

第七章

信長時代と利休の弟子衆

1　本能寺の変と堺衆の危機管理

天正十年（一五八二）六月二日、本能寺の変が起きました。天下統一に歩み出そうとしていた織田信長が明智光秀の謀反によって本能寺で討たれるという思いもよらない事態になったのです。

天王寺屋《てんのうじや》津田宗及《そうぎゅう》の『天王寺屋会記』「宗及他会記」には、リアルタイムにそのことが記されています。

> 午六月二日ニ　上様御しようがい《（生害）》也、惟任日向守（明智光秀）於本能寺《ほんのうじにおいて》御腹ヲキラせ申候、家康モ二日ニ従堺被帰候《さかいよりかえられそうろう》、我等も可令出京《しゅつきようしむべし》と存《ぞんじ》、路地迄《まで》上り申候、天王寺辺ニ而《て》　承《うけたまわり》候、宮法（松井友閑）モ従途中被帰《とちゅうよりかえられ》候《そうろう》[1]。

「天正十年六月二日に、上様（織田信長）が殺害された。明智光秀が本能寺で信長様に切腹をさせた。家康も二日に堺からお帰りになられた。私も京都へ出向こうと思い、途中まで向かったが、天王寺のあたりで信長様の死を承った。堺の政所の松井友閑《ゆうかん》も途中から堺へ帰られた」

という記事です。

京都からの明智反乱の知らせを受けて、途中まで京都に向かおうとした宗及でしたが、天王寺あたりで信長の死を聞き、堺の政所《まんどころ》の松井友閑とともに、堺に戻ったのでした。客観的な叙述のなかに緊迫感が感じられる記事です。

さて、本能寺の変の報は、翌日三日の夜半には、備中高松城攻めの最中であった羽柴秀吉（後の豊臣秀吉）のもとに届きます。そして、秀吉は、翌四日には信長の死を秘匿して、備中高松城（岡山県岡山市）城主清水宗治《むねはる》（天文六 一五三七～天正十 一五八二）の自刃を条件に、眼前に迫った毛利勢と講和をし、六月六日には備中高松から姫路城に帰陣しました。三日後の九日、秀吉は、姫路を発して明石に着陣。六月十二日には、摂津富田に着陣して軍勢を整え、十三日には、山崎合戦で明智光秀軍を破りました。(2) いわゆる秀吉の西国大返しです（次頁図18）。二週間にも満たない明智光秀の短い天下でした。

この十二日と十三日について、『天王寺屋会記』「宗及他会記」には、次のように記されています。


同六月十二日ニ羽柴筑前守殿（秀吉）従西国《さいごくより》出張也、山崎迄十二日ニ着陣、即、我等モ為見廻参《みまいのためまいり》、堀久大（太）郎殿路地次ヲ令同道《どうどうせしめ》候、即十二日ニ筑州ハ富田ニ御在陣也、

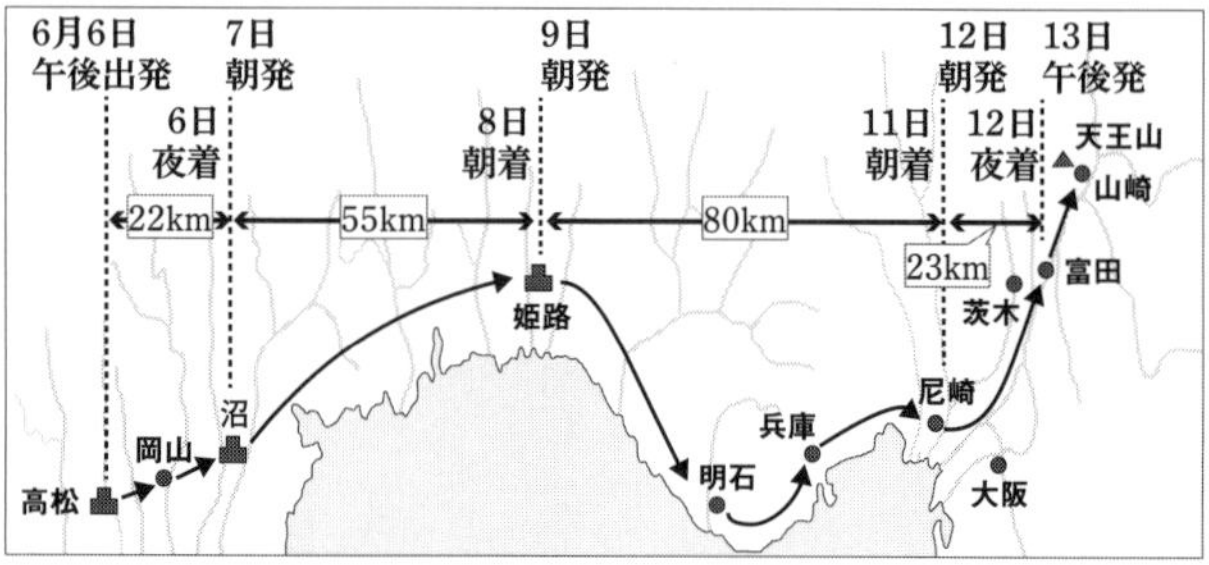

図18　秀吉の西国大返し行程図
（小和田哲男『秀吉の天下統一戦争』吉川弘文館、2006年、48〜49頁掲載図より引用・改変）

同十三日ニ於山崎表かつせん（合戦）あり、惟日（明智光秀）まけられ、勝龍寺へ被取入《とりいられ》候、従城中《じょうちゅうより》夜中ニ被出《いでられ》候《そうろう》、於路次被相果候《ろじにおいてあいはてられそうろう》、首十四日ニ到来、本能寺　上様御座所ニ、惣之首共《すべてのくびども》都合三千斗（ばかり）かけられ候（3）、

「同年六月十二日に羽柴秀吉殿は、西国から軍を率いて戻られた。山崎まで、十二日に着陣され、そこで私も陣中見舞いに参上し、堀秀政殿が途中から同行してくださった。すなわち、十二日に秀吉殿は、摂津の富田に陣を構えられ、十三日には、山崎で合戦をされた。明智光秀は敗北され、勝龍寺城（京都府長岡京市）へお入りになられた。しかし、城中から夜中に脱出されたが、逃亡の途中で亡くなられた。その首は、十四日に秀吉の陣に届いて、本能寺の上様の御座所のあったところに晒《さら》された。明智勢の首どもは、三千ほどかけられた」という記事です。

六月二日の本能寺の変の記事で注目すべきは、思いもしなかった明智の反乱の報を聞き、京都の様子をうかがいにいったん出向いた宗及は、天王寺のあたりで事態の結果を知り、松井友閑とともに堺に引き返していることです。

具体的な資料はありませんが、その日の内に松井友閑や堺の衆は、備中高松城を攻めていた秀吉に、おそらく瀬戸内の海路を利用して急ぎ使者を送り、本能寺のことを伝えたのではないでしょうか。後の『太閤記』などの物語では、様々な説が語られていますが、現実には、信長側の馬廻衆（近衛兵）は、京都で信長の長男信忠とともに全滅していましたし、近畿の武将たち、すなわち摂津の池田恒興、中川清兵衛《なかがわせいべえ》（清秀《きよひで》）（天文十一 一五四二〜天正十一 一五八三）、高山右近《たかやまうこん》（天文二十一 一五五二〜慶長二十 一六一五）や、明智光秀とは親戚になっていた細川幽斎《ゆうさい》・三斎父子、あるいは奈良の筒井順慶たちは、このクーデターでは全く動いていません。彼等は、おそらく間近に迫った四国攻めのための軍勢を整えていたと思われますが、光秀に加担せず、事態を静観しています。

秀吉に急報を伝えられるのは、京都下京の商人の長谷川宗仁《そうにん》（永正八 一五一一〜天正十七 一五八九）と推測する見解(4)もありますが、混乱と警戒が存在する本能寺の変の直後に、下京から使いの者を西国に派遣することは困難かと思います。秀吉に急報できるのは、堺衆しかないと思われます。陸路で山陽道に入るのは、明智軍が展開しているでしょうから危険です。堺の商人たちが、おそらく堺の港から瀬戸内の海路を利用して、秀吉に事態を知らせたのではないかと推測します。

そのことを暗示するのは、「山崎迄十二日ニ着陣、即、我等モ為見廻参《みまいのためまいり》」というように、宗及たち堺の衆は、合戦前日には、山崎の秀吉の陣に見舞いのために参上しています。おそらく、堺の衆は、秀吉を支持して、秀吉軍に兵站補給をしたのでしょう。もしもの事態に備えて、「信長の次は秀吉だ」と信長麾下の司令官を見抜いていた堺衆の慧眼に驚かされます。堺の町衆は、危機管理能力においても優れた判断をしていたのです。

2　秀吉軍に参じた弟子衆たち

さて、秀吉に率いられた軍勢は、前節の『天王寺屋会記』に「十二日ニ筑州ハ富田ニ御在陣也」とあるように、山崎合戦の前夜には富田（大阪府高槻市）に陣を張っています。この前日の朝には、秀吉は、尼崎（兵庫県尼崎市）に着陣しています。尼崎も堺と同様に交通の要所で商業の中心都市でした。

この尼崎で、近畿の武将、なかでも利休の弟子衆たちが秀吉を支持して結集したであろうことを推測させる利休の手紙があります。それは摂津の武将中川清兵衛宛の利休の手紙です（図19）。

文意は、「昨日は勝龍寺城でお手柄を立てられたということに驚きました。そのために一筆お手紙をお届けしました。先日は、尼崎城でお目に掛かり、本当に嬉しく思いました。手紙をここにお届けします。誠に手紙のみで失礼致します」といった内容です。

さて、この手紙の宛先の中川清兵衛は、荒木村重《むらしげ》（天文四〜天正十四 一五三五〜一五八六）・高山右近とともに、信長麾下の北摂の重要な軍事勢力でした。村重の信長への反乱の後は、二人は信長に仕えました。しかも、高山右近と中川清兵衛は従兄弟同士です。また、中川清兵衛は、信長からその資質を認められ、信長の家臣であった古田織部（天文十三〜慶長二十 一五四四〜一六一五）に妹を嫁がせています。

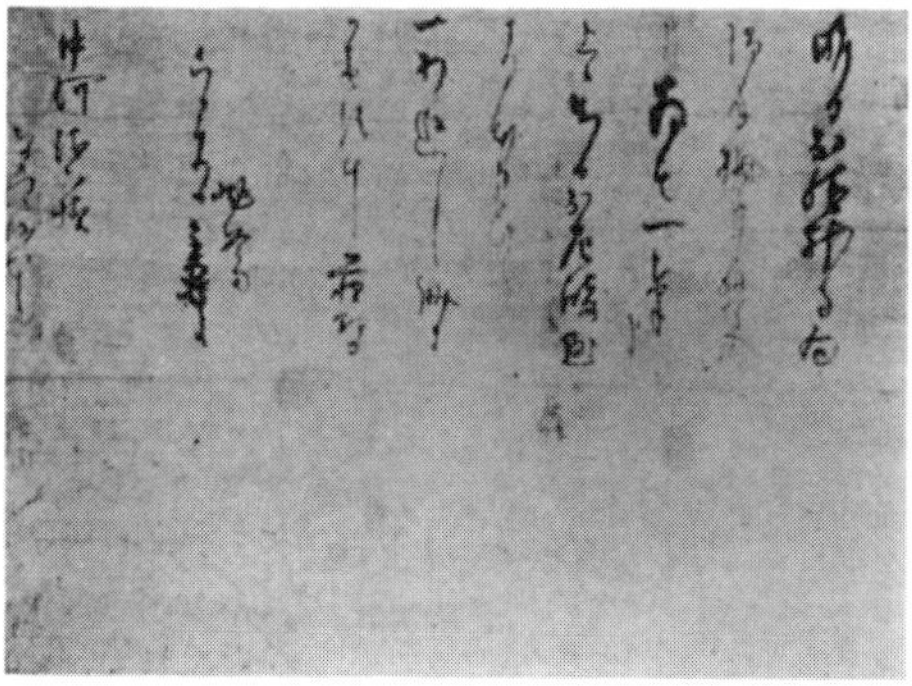

図19　中川清兵衛宛　利休の手紙（個人蔵）
（桑田忠親『利休の書簡』河原書店、第23号書簡より転載）

昨日於二勝龍寺《しょうりゅうじにおいて》一為二
御手柄《おてがらをなすこと》一事、驚入《おどろきいり》
申候。為レ其《そのため》一筆申
上候。先日於二尼崎《あまがさきにおいて》一懸二
御目《おめにかかり》一、本望此事候《ほんもうこのことにそうろう》。
一折進之候《いっせつこれをまいらせそうろう》。誠に
御音信計候《ごいんしんばかりにそうろう》。恐惶敬白。

抛筌斎

六月十五日　宗易（花押）

中河清兵様

まいる人々御中

中川清兵衛・高山右近の動き次第で、山崎合戦の動向が左右されるというほど、摂津における二人の実力は大きなものがありました。

西国大返しの途中、秀吉も北摂の信長麾下の武将の動向が戦況を左右することを熟知していましたので、中川清兵衛には「信長が本能寺から信忠とともに逃れて生存している」との偽情報を流していた程です(5)。

つまり、北摂の信長麾下の武将たちが、光秀側に付けば戦局を左右するほどの影響が出るのであり、かつまた彼らは信長の軍事組織の上では光秀の与力（配下に組み込まれる大名）でしたので、彼らが光秀の指揮に従う可能性があったのでした。しかし、中川清兵衛・高山右近たちは、軍勢を率いて秀吉側に参加し、しかも、山崎合戦では二人は天王山を奪い、光秀を勝龍寺城に追いやるという武勲を立てたのでした。

利休が中川清兵衛にその軍功をたたえ、喜びの手紙を書いたのは、六月十五日ですから、光秀が勝竜寺城を脱出し、農民の竹槍で殺害された翌日です。「本望此事候《ほんもうこのことにそうろう》」という喜びの文言は、当時の最大級の喜びを表現する言葉です。

利休が喜んだのは、秀吉側に付いた中川清兵衛・高山右近のみならず、細川幽斎・三斎父子、古田織部たち利休の弟子衆が秀吉側に付いたからです。細川親子は、光秀とは親戚関係にもかかわらず、光秀の破格の誘いを拒絶したほどです。その他、利休弟子衆七人衆と呼ばれた人たちは、信長時代にすでに利休の愛弟子であったのです。

中川清兵衛への利休の喜びに満ちた手紙は、秀吉のみならず、利休もまた弟子衆の動向に心を配っていたことを示しています。彼らが秀吉側に付いて、しかも山崎合戦で武勲を立てたこと、あるいは細川父子のように中立を守り通したことに、利休は安堵したのでした。

秀吉にとって、今後の天下取りへの軍事力の中核を担うのが、信長麾下の摂津を中心にした武勇の人たちでしたから、茶の湯で弟子衆として彼らの心を握っている利休の存在は、側近として近侍させせねばならぬものになったのでした。

彼らは、すでに六月十一日には、尼崎に結集し、尼崎城で待機していた堺衆とであったのでした。利休は、その時、弟子衆のりりしい姿を見て安堵したのでしょう。今日までは、『天王寺屋会記』「宗及他会記」から十二日の富田城での秀吉軍の結集が語られてきましたが、利休の手紙で、その前日に尼崎城で秀吉軍が軍勢を整え、富田に向かったことが知られるのです。その時、先鋒を仰せつかったのが中川清兵衛・高山右近たち信長麾下の利休の弟子たちだったのです。そして、堺衆も、こぞって秀吉を支持していたのでした。

3　待庵建築と高山右近

さて、中川清兵衛も利休の弟子で、茶の湯については熱心であったようで、妹婿の古田織部を茶人にするきっかけを作った人のようです。『茶道四祖伝書』の「古織公伝書」に、織部と茶の湯の出会いの伝承があります。語り手は、信長の老臣・佐久間信盛の子息で、信長により父とともに高野山に追放されるが、後に茶人として秀吉の御伽衆となった佐久間不干斎（弘治二 一五五六～寛永八 一六三一）といわれています。

古織殿（古田織部）、初めは茶湯一段と嫌いなるを、知音《ちいん》衆（友人たち）たくみて、「しゅうと《舅》（正しくは義兄）の中川清兵衛釜を盗《ぬすみ》候へ」と云て、是《これ》を誉《ほめ》そやされて、上々の数寄者になすなりと佐久間不干物語なり。(6)

かの武将茶人、古田織部は、初めは茶の湯が大嫌いだったというのです。確かに、織部は信長の家臣として、若き日は信長の使番《つかいばん》（戦場で主の命令を各人に伝える役）を務めるなど、武将として武断的な人だったようです。しかし、茶の湯好きの友人たちが企んで、「義兄の中川清兵衛の釜を盗んできなさい」と言い、その釜を友人たちが褒めそやし、そこから大変な数寄者に成長したということです。このように、佐久間不干斎が伝えていたのです。不干斎も若き日から信長の家臣ですので、彼の伝承は信じるに値すると思われます。

「豚もおだてりゃ木に登る」のたとえではありませんが、大茶人織部が、若き日「初めは茶湯一段と嫌いなる」であったというのは、面白い伝えです。織部は、中川清兵衛たちに導かれ茶の湯に傾倒したのでした。そして、清兵衛の師匠が利休であったのです。清兵衛の従兄弟が高山右近で、かれもまた熱心な武将茶人で待庵建立にも関わった利休の愛弟子でした。

信長が本能寺で討たれ、秀吉が光秀を討ち、後継者の地位を築いた天正十年（一五八二）の七月、すなわち山崎合戦の翌月に、秀吉は山崎城（京都府乙訓郡）を築城します。この山崎城に建てられた二畳の茶室が待庵と推定されます。現在の妙喜庵にある待庵は、後に山崎城から移築されたものといわれています(7)。

中村昌生氏は、待庵の魅力について、様々な点を指摘されていますが、そのなかで次のように述べています。

また紹鷗の四畳半がそうであったように、かつては床は黒く塗った塗框《ぬりかまち》と張付壁が原則でした。しかし利休は待庵において、何気ない丸太を框に用いています。しかし、この丸太は決して無表情ではありません。見付には節が三つもあります。自然の素材の面白さが人の目を和ませます(8)。

すなわち、二畳という狭い茶室には、様々な工夫が凝らされていますが、「自然の素材の面白さ」の「何気ない丸太」の効果が侘び茶の魅力であることを強調されています。

この材料の丸太を提供していたのが高山右近のようです。

高山右近宛の利休書簡があります。

　囲炉理《いろり》到来之由《とうらいのよし》候
　本望存候《ほんもうにぞんじそうろう》　以上
丸木六本被仰付候内《おおせつけられそうろううち》、
一本用に立申《たちもうし》候大慶此事候《たいけいこのことにそうろう》、
相残《あいのこり》も別ニ用に立可申候《たてもうすべくそうろう》、
御念入段《ごねんいりのだん》　秀公（秀吉）可申聞候《もうしきかすべくそうろう》、
御使者に懇ニ申含《ねんごろもうしふくめ》候　　恐惶

　神無月二日　　易（花押）

　　　山崎より

〈封〉高右公　　易[9]

　まいる　回答

文意は、「秀吉公が丸木（丸太）六本を提供するように仰せ付けられ、お届けいただいた丸木の内、一本が大変役に立ちました。本当に嬉しく存じます。残りの五本も、別に用に立てようと思います。お心遣いのこと、秀吉公にもお伝え致しましょう。秀吉からの使者にも懇ろに申し含めます。」という内容で、最初の二行の追而書には、「炉縁がお手元に届いたようで、嬉しく存じます」という意味です。

利休が求めた丸太ですから、そう簡単に利休の厳しい眼を通るとは限りません。しかし、秀吉から命じられた高山右近は、丸太を吟味し、六本届けました。利休は、その一本が大変役に立ったと喜んだのでした。

先述の中村昌生氏の解説に照らすならば、おそらくこの丸太は、床框《とこかまち》に用いられたものと推測します。残りの五本の内、おそらく一本は床柱に使用されたのではと推測します。

この手紙の解説をしている小松茂美氏は、『利休の手紙』で「同時に利休は、原木の丸太の目利きのできる技量を、すでに体得していた様子である」(10)と、利休が丸太の目利きを体得していたと述べられていますが、むしろ、天正十年までに、高山右近が利休の侘びの美意識を理解して、丸太を厳選したのだと思います。

つまり、信長時代に利休の弟子衆は、師の利休の茶に触れ、武将としての並々ならぬ技量とともに、茶人としても成長していたのです。

4　利休の弟子衆は信長時代の「武辺」の人

逢源斎江岑宗左《ほうげんさいこうしんそうさ》が著した『逢源斎書《ほうげんさいしょ》』には、「利休弟子衆七人衆」といういい方で、利休の高弟が列挙されています（図20）。

後代、利休七哲と呼ばれる利休の高弟たちです。

蒲生氏郷《がもううじさと》は、利休の娘婿の少庵を利休切腹の後に会津に預かりました。信長の娘婿でもあり、彼の軍団は、秀吉時代には最強部隊の一つです。高山右近によってキリシタン大名にもなっています。

高山右近は、すでに述べたように、高槻の武将で、唯一キリスト教を棄教せずに、大坂冬の陣の年に国外追放となりました。この追放は、勇猛な右近が大阪方にいすわることを恐れた処置のように思われます。

細川三斎は、名は忠興《ただおき》。父は、文武両道の細川幽斎。忠興の妻は、ガラシャ夫人で、光秀の娘。キリシタンにはならなかったが、キリスト教には理解を示していました。徳川時代には、豊前国小倉藩初代藩主となり、肥後細川家初代。

芝山監物（生没年不詳）は、利休との手紙が最も多く残っている武将。利休の高弟で、茶の道を究

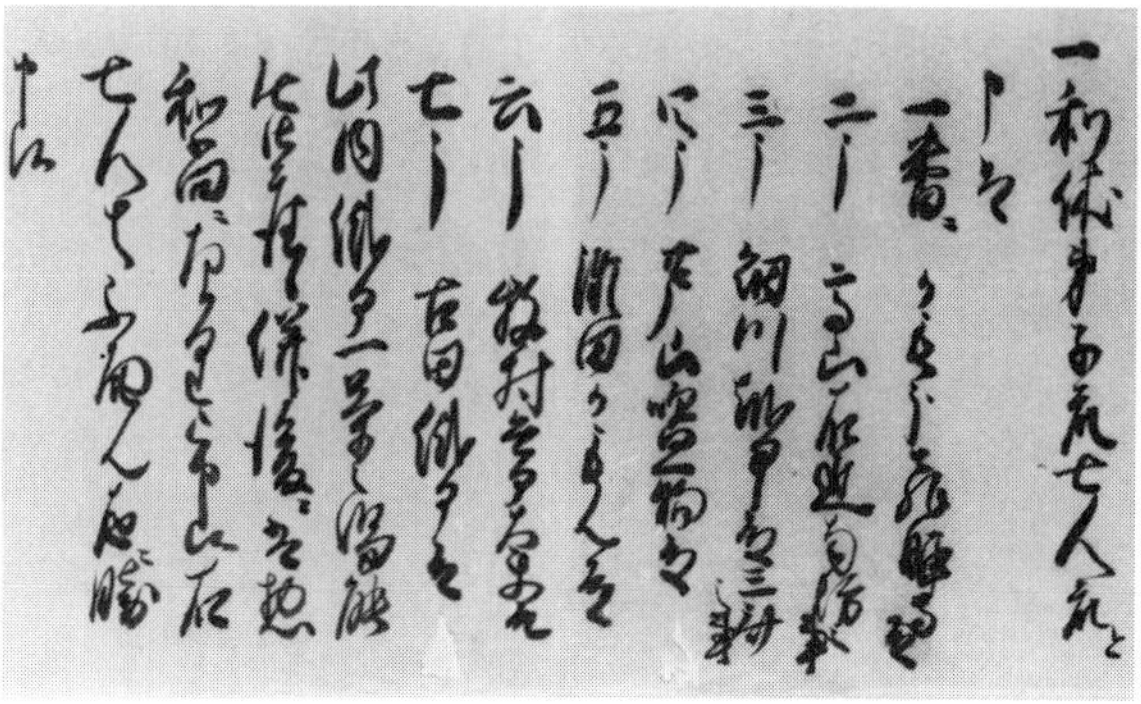

図20　『逢源斎書』の利休弟子衆七人衆より一部抜粋
（表千家不審菴所蔵）

一、利休弟子衆七人衆と申は、
一番ニかもう《蒲生》飛騨守殿（蒲生氏郷）
二ー　高山右近、南坊之事
三ー　細川越中殿、三斎之事（細川三斎）
四ー　芝山監物《しばやまけんもつ》殿
五ー　瀬田かもん《掃部》殿
六ー　牧村兵部大夫殿
七ー　古田織部殿
此内、織部　一《ひとつ》茶之湯能無御座候《よくなくござそうろう》、併《しかしながら》
後ニは惣和尚《そうおしょう》ニなり被申《もうされ》候、右七人
はぶへん《武辺》世ニ勝申《すぐれもうし》候

めた武将茶人で、秀吉時代には外交も担当していました。

瀬田掃部は、名は忠正。高山右近と親しく、彼の推挙で秀吉に仕えたといわれています。秀頼事件に連座して処刑されましたが、高麗の大きな平茶碗や、長い茶杓の逸話などが伝えられています。

牧村兵部《ひょうぶ》は、名は利貞《としさだ》。高山右近と親しく、キリシタンでした。多くの戦で勲功を立てましたが、朝鮮侵攻の時に朝鮮でなくなります。

古田織部は、名は重然《しげなり》。奇抜な造形や斬新な文様の織部茶碗などの好みで有名。師のまねごとをするなという教えを忠実に守ったのであろうと思われます。利休の切腹の後は、天下人の御成の茶席などの世話をする天下の宗匠となりましたが、大坂夏の陣で嫌疑をかけられ処刑されました。

最後の織部には、「此内、織部一《ひとつ》茶之湯能無御座候《よくなくござそうろう》、併後ニは惣和尚《そうおしょう》ニなり被申《もうされ》候」とあり、「織部は少し御茶がよくなかった。しかし、後には天下の宗匠になられた」とあります。この織部に対する否定的な評価は、利休の死後、茶の湯の主流は大名茶・武家茶になり、侘びた茶の湯を理想とする千家の茶の湯からすると、後の大名茶の源流になった織部の茶風は、少し評価が落ちるという意味でしょう。

さて、大切なことは、「右七人はぶへん世ニ勝申《すぐれもうし》候」とある最後の部分です。利休の高弟たちは、武辺、すなわち戦場で勇猛な活躍をする武将たちだと書かれているのです。

つまり、利休の茶の弟子衆たちは、多くが信長時代の武将で、信長の下剋上の戦いをともに生き、同時に利休の教えを受け、茶人に成長した人たちでした。荒武者を文武両道の茶人に成長させたのも、利休の茶の湯なのです。

5　秀吉の馬廻衆も利休の弟子たち

山崎合戦以降、秀吉の天下取りの戦いは続きますが、その戦いの中核を占めるのが信長時代の猛将で、かつ茶人でもあった武将たちでした。しかも、利休を師と仰ぐ武将たちです。

秀吉は、農民出身ですから、他の武将たちと異なって代々の家臣などはいません。信長の司令官として出世する時に出会った家臣たち以外に、長浜（滋賀県北東部）の城持ち大名になって以降、自らの家臣団を新たに作らねばならなかったのです。

そのため初めて城持ち大名になった長浜時代には、近江にいた優秀な人材を家臣として取り上げていきます。商業の発達した近江地方ですから、経済や計算に強い官僚的な能力を持つ人たちも秀吉に見いだされていきます。それでも、秀吉は、引き続き自身の家臣団を拡張しなければなりませんでした。

本能寺の変は、秀吉にとって軍団の拡大に絶好の機会でもあったと思われます。信長の軍団の中核をなす摂津・近畿の武将が秀吉のもとに参じました。光秀との戦いの勝利で、信長の仇を討った司令官として、秀吉の株は上がりますし、彼のもとに近畿の武将が家臣として加わったのです。

その武将を茶の湯で弟子衆にしていたのが利休でしたので、秀吉の側に政治コンサルタントのような側近として利休が必要になったのでしょう。いわば、秀吉の周囲を警護する馬廻衆は、利休の弟子衆でもあったのです。

例えば、天正十五年（一五八七）の九州島津攻めの時に、秀吉が自身の馬廻衆に出した書状があります。

その書状は、九州の島津攻めのおり、四月二日に秋月城（福岡県朝倉市）を攻略した秀吉が、同九日付でこの時の馬廻衆に出した軍令です。

秀吉の馬廻衆は、この時「前備《まえぞなえ》・後備《うしろぞなえ》・脇備《わきぞなえ》」の三隊に分かれていて、それぞれの部隊について、秀吉が次のように伝えています。

一、前備衆事、此の以前、御朋輩《ごほうばい》、又は御存知の者どもに候はゞ、連々御用にも立つべき所存とおぼしめし、人数五百三百づつ持たせ候。御馬廻におかせらるべきところ、余り人多く、殊に、一本臑《すね》の者の中に打ち交じえ候えども、双葉《ふたば》より御存知の者に候はゞ、前備と相定《あいさだ》められ、御近所に置かれ候事。

一、後備の者どもは、せがれより召し仕はれ候者に候はゞ、御心安く召し仕はるべきため、これ又、人数を持たせ、御心をゆるせられ、御後備に仰せ付けられ候。自然、要《かなめ》の城御留守居などにも置かせられ候事。

一、今度、御脇備の儀を御近辺におかれ、御咄《おはなし》の御伽《おとぎ》、又は、何時も御人数いづ方へもさしつかはされたきために、御脇ぞなえになしおかれ候[11]。

この書簡は、馬廻衆たちが勝手な進軍などを戒めるように注意を述べたものです。

その冒頭に、右のように「前備・後備・脇備」の部隊がどのような武将で構成されているかが述べられていて、馬廻衆という秀吉の警護を務める武将たちの構成が分かる貴重な手紙です。

内容を読んでいきましょう。まず「前備衆」とは、以前から秀吉と朋輩（「傍輩」とも。同じ主人に仕える同僚）の者たちで、信長時代には信長麾下の武将として秀吉と同僚であった武将たちです。信長時代に続けて秀吉の麾下に配属して、合戦などに活躍してもらおうと、それぞれ五百から三百騎を付けて警護役にしようとしました。しかし、警護部隊が余りに多勢になるので、合戦では「一本臑《すね》の者」、すなわち強敵に立ち向かわせようとしました。つまり、秀吉の若かった時からの親しい同輩なので、前備として警護役にした、というものです。

「後備衆」とは、「せがれより召し仕はれ候者」、つまり年少の時から秀吉が子飼いにしてきた者たちなので、心安い武将たちであるから、かれらに部下を付けて後備に配属したのです。当然、彼らは、合戦では制圧した城の城番（城御留守居）なども務めました。

「脇備」については、秀吉が新たに作った部隊のようで、「御咄《おはなし》の御伽《おとぎ》」、つまり秀吉の相談を受けたり、いつでも軍勢を付けて秀吉の伝令として各前線に遣わすことのできる部隊で、いわば、合戦における遊撃部隊と思われます。

右のように、秀吉の警護部隊は、前を信長時代に同僚であった武将たち、後ろを秀吉が子飼いとして育て上げた武将という、最も信頼を置ける武将たちで構成されていたのです。

先述したように、秀吉は農民から身を起こし、信長に評価されてナンバーツーの司令官にまで出世した経歴の持ち主ですが、それは同時に、秀吉自身には代々仕えた家臣もなく、人の上に立った時には、自身の軍団を一から作らねばならぬことを意味していました(12)。

まして、一族の少ない秀吉ですから、信頼を置ける部下に周囲を固めさせて前備・後備という親衛隊を構成したのでした。その意味では、信長時代の同輩の武将たちを自らの家臣団として吸収したのが秀吉の軍団の中核となっていたといえるでしょう。秀吉の天下取りの戦略の中心的な軍事力が、信長時代の勇猛な武将たちであったのです。

そして、広範囲に及ぶ合戦の時には、自身の指令を伝えて前線に派遣できる信頼できる遊撃部隊として、脇備を配置したのでしょう。

馬廻衆というのは、このように秀吉の信頼を得て、しかも戦国武将としての実績を積んだ武将たちが務める重要な軍事組織でもあり、秀吉軍団の中核的な部隊であったのです。

そして、この手紙の宛名には、十七名の馬廻の武将たちが記されています。その十七名の武将は、次の通りです。

羽柴左衛門尉↓堀秀政（信長の馬廻衆で秀吉にも仕える。津田宗及茶会に所見）
羽柴河内守↓毛利秀頼（信長の馬廻衆で秀吉にも仕える。津田宗及茶会に所見）
津田隼人↓津田盛月（信長と秀吉に仕える。茶人としても知られている）
有馬刑部法印↓有馬則頼《ありまのりより》（三好長慶・別所長治・秀吉に仕える。利休とも親しい）
稲葉兵庫頭↓稲葉重通（信長の馬廻衆で秀吉にも仕える）
牧村兵部大輔↓牧村利貞（稲葉重通の子。信長と秀吉に仕える。利休七哲の一人）
柘植左京進↓左京亮柘植与一（信長と秀吉に仕える。利休の愛弟子の一人）
蜂屋大膳大夫↓蜂屋頼隆（信長の馬廻衆で秀吉にも仕える。津田宗及茶会に所見）
矢部善七↓矢部家定（信長と秀吉に仕える。津田宗及茶会に所見）
古田織部正↓古田重然《しげなり》（信長と秀吉に仕える　利休七哲の一人）

市橋下野守→市橋長勝（秀吉と同輩の市橋長利の子。信長と秀吉に仕える）
生駒主殿頭→生駒親清、または生駒親正か（信長と秀吉に仕える）
瀬田掃部頭→瀬田正忠（秀吉に仕える。利休七哲の一人）
上田左太郎→上田重安（宗箇《そうこ》）（丹羽長秀《にわながひで》と秀吉に仕える。利休の弟子で宗箇流の祖）
滝川義太夫→滝川益重、または滝川一益か（秀吉に仕える。津田宗及茶会に所見）
池田久左衛門→池田知正（信長と秀吉に仕える）
稲葉右近→稲葉方通（稲葉良通の子。信長と秀吉に仕える）

驚くべきことに、この十七人は、ほとんどが前備衆の資格を持った信長時代からの武将で、牧村兵部・古田織部・瀬田掃部・上田宗箇などの利休の愛弟子に限らず、利休の弟子衆といってもいい武将たちなのでした。
もう一通、秀吉の馬廻衆と利休との関係を示す手紙もあります。それは、有馬則頼以下八名の秀吉の馬廻衆に宛てた手紙です。

従木下半介殿《きのしたはんすけどの》御状《よりの》のうつし
上さま、当月二十一日御上洛と

被仰出候《おおせいでられそうろう》、
御とう《逗》りゅう《留》ハ一両日中と御ざ候、
御留守ハ大納言さま、その外ハ
唯今までの通懇《ねんごろ》ニ被仰付候《おおせつけられそうろう》、
利休儀ハ、さき《先》へのほり《上り》可申候《もうすべくそうろう》、
如此《かくのごとく》にて、我等《われら》御城へ参上、明朝
上洛申候《もうしそうろう》、一筆ニくたひれ申候まゝ、
代筆にて申候間《もうしそうろうあいだ》、不及返事候《へんじにおよばずそうろう》
恐惶謹言
九月十九日
利休
如此した、め今日中ニ可遣候《つかわすべくそうろう》
有中　有楽公　古織　金法
冨左　芝堅　蜂小　舟五(13)

右の手紙の期日は、小松茂美氏の考証によれば、秀吉の上洛日時から、天正十六年（一五八八）九月十九日付ということです(14)。

「利休の手控えとして綴じ本の一冊が伝来したのであろう(15)」という珍しい手紙で、まず、「従木下半介殿御状《きのしたはんすけどのよりの》のうつし」とあるように、利休の許に届けられた「従木下半介殿御状《きのしたはんすけどのよりの》」の内容が書かれています。

木下半介吉隆《よしたか》（生年不詳～慶長三〈一五九八〉）は、秀吉の馬廻衆（秀吉の護衛に携わる親衛隊）の組頭《くみがしら》です。この半介が、利休に「秀吉様が今月二十一日御上洛と仰せ出でられました。御逗留は一、二日です。大坂城の留守番には、秀長様があたられ、その他の馬廻衆は今まで通り供をするようにと懇《ねんご》ろに仰せ付けられました。利休殿は、一足先に上洛するように」というものでした。

ここまでが木下半介の利休への手紙の写し部分でしょう。

秀吉が二十一日上洛予定ですから、利休は、二十日には上洛しなければなりません。手紙の期日が十九日ですから、即座に利休は用意を調えて、翌日には出発しなければならないのです。ここには、秀吉が移動すれば、利休も移動して側に仕えるという側近としての役割が伝わってきます。

そこで、利休は、「私は、大阪城に今から出まして、明日出発します。一人一人お手紙でお知らせするには大変疲れますので、右筆《ゆうひつ》に代筆させます。お返事には及びません」と書き記し、右筆の者（利休には鳴海《なるみ》という右筆がいました）に、「このように認《したた》めて、今日中に左の方たちに届けなさい」と記しています。

さて、急ぎ利休からの連絡を受けるのが、以下の八人の武将です。

この武将たちが、「その外ハ唯今までの通懇《ねんごろ》ニ被仰付候《おおせつけられそうろう》」と秀吉から直々に供奉・警護を命じられた武将でしょう。

「有中」は、有馬則頼（天文二〜慶長七 一五三三〜一六〇二）。「有楽公」は、織田有楽《うらく》（長益）（天文十六〜元和七 一五四七〜一六二一）。「古織」は、古田織部。「金法」は、金森長近《かなもりながちか》（大永四〜慶長十三 一五二四〜一六〇八）、「冨左」は、富田知信《とものぶ》（一白）（生年不詳〜慶長四 一五九九）。「芝堅」は、芝山監物。「蜂小」は蜂須賀家政《はちすかいえまさ》（永徳元〜寛永十五 一五五八〜一六三九）、小松茂美氏は「蜂須賀小六正勝」としていますが、この二年前に正勝はすでに没していて、その子家政であろうと推定します。そして利休の弟子で船越間道などの袱紗もある船越景直（天文九〜慶長十六 一五四〇〜一六一一）です。

秀吉の馬廻衆組頭の木下半介から秀吉の供奉を命じられたことからすれば、二十一日の秀吉上洛の警護のため彼らが家臣を伴って秀吉に供奉するわけですから、彼らは当時、秀吉の馬廻の武将であったわけです。すべて信長の家臣で、秀吉の直属になった武将たちです。また、すべて武将茶人として利休と親しい弟子衆でもある武将でした。なかでも、有馬則頼と古田織部は、前年の島津攻めの九州遠征でも、秀吉の馬廻衆を務めています。

右の手紙から、秀吉上洛の命令が下りると、馬廻衆組頭の木下半介から利休へまず連絡が入り、利休から、供奉の馬廻衆に連絡を入れるという伝達経路が推測されます。利休の親しくしていた武将茶人たちは、信長時代からの武勇に優れた「武辺」の人で、秀吉の警護などを務める親衛隊の武将たちでもあったのです。

利休は、秀吉の行動と対応するように常に行動し、利休の周囲には、秀吉を警護する有能な武将たちがいたのです。そして、彼らの心を結びつけたのが利休の茶の湯でした。

【註】

（1）『天王寺屋会記』「宗及他会記」（千宗室ほか編『茶道古典全集　第七巻』淡交新社、一九五九年）天正十年六月二日の条。

（2）岡田正人「豊臣秀吉年譜」（桑田忠親編『豊臣秀吉のすべて』新人物往来社、一九八一年）二八五～二八六頁。

（3）同註（1）天正十年六月十二日の条。

（4）小和田哲男『秀吉の天下統一戦争』吉川弘文館、二〇〇六年、四三頁。

（5）「梅林文書」（小和田哲男『秀吉の天下統一戦争』吉川弘文館、二〇〇六年）五〇頁。

（6）「古織公伝書」（松山米太郎編『茶道四祖伝書』秋豊園、一九三三年）古織殿の項。

（7）中村昌生『図説茶室の歴史：基礎がわかるQ＆A』淡交社、一九九八年、六二頁。

（8）中村昌生『茶室を読む　茶匠の工夫と創造（裏千家学園公開講座）』淡交社、二〇〇二年、一二五頁。

（9）小松茂美『利休の手紙』小学館、一九八五年、第二十三号書簡。

（10）同註（9）三四九頁。
（11）桑田忠親『太閤の手紙』講談社学術文庫、二〇〇六年、一三四頁。
（12）小和田哲男、桑田忠親編『豊臣秀吉のすべて』新人物往来社、一九八一年、六二一～六三頁。
（13）同註（9）第二〇八号書簡。
（14）同註（9）四四三頁。
（15）同前。

第八章

茶の湯を通じた教育者

1　秀吉側近としての役割

秀吉の軍団の中核をなす武将たちが、多く利休の弟子衆であったことを、前章ではお話ししました。彼らの心を把握し、彼らから茶の湯を通じて師と仰がれていた利休は、秀吉にとって側近中の側近として、傍《そば》に置きたい人材でした。天正十年（一五八二）の山崎決戦以降、利休は秀吉の傍に伺候するようになります。

天正十年、本能寺の変の二ヶ月後、秀吉は前章で述べたように、山崎城を修築しここを拠点とします。秀吉は、度々大坂と京都を行き来しましたが、利休も秀吉の移動に伴い秀吉の許に参じることとなります。最初の頃の手紙に、次の妙喜庵功叔《こうしゆく》和尚（生年不詳～文禄三 一五九四）宛の手紙があります。

従二古佐《こさより》（古田織部）之御状、慥《たしかに》拝見申候。并《ならびに》子持《こもち》（妻の宗恩）方迄《まで》御状、同前に候。種々御懇志、難二申尽一《もうしつくしがたく》候。今分《いまのぶん》に候者《そうらはば》不レ苦《くるしからず》候間《そうろうあいだ》、可レ被二御心易一《おこころやすかるべく》候。筑州（秀吉）於二在山崎一《やまざきにあるにおいて》は、不図《ふと》可二罷上《まかりのぼり》一候。乍レ去《さりながら》、力著《ちからづく》とは付申間敷《もうしつけすまじく》候。猶重而可レ申《なおかさねてもうすべく》候。恐惶謹言。

八月二十七日　易（花押）

妙喜庵
参御報⑴

これは、利休と親しかった功叔和尚への礼状です。文意は、「古田織部からのお手紙、確かに拝見しました。ならびに妻の宗恩《そうおん》のほうにまでお手紙をいただき、それも拝見しました。種々のお心遣い、御礼の言葉もありません。今のところは、私も都合が悪くもありませんので、ご安心ください。秀吉が山崎城に入られると、私も急いで堺から山崎に参上しなければなりません。しかし、いつも強制的に来るようにとは、命令されないでしょう」という意味です。

古田織部から、利休に伝えてほしいという手紙が妙喜庵に届いていて、それを確かに見たということと、妻にまで功叔和尚からお手紙をいただいたと、心遣いに感謝する利休の手紙です。

その後半に、おそらく利休が秀吉の側近として忙しくなり、功叔和尚は心配していたのでしょう。それに対して、今のところは大丈夫ということと、秀吉が山崎に移動すると、利休も堺から急ぎ上らねばならないことが語られています。しかし、「乍《さりながら》レ去、力著《ちからづく》とは付申間敷候《もうしつけすまじく》」とあるように、このような秀吉の行動に伴う利休の山崎城通いは、強制的にはなるまいと、利休は高を括《くく》っていました。

しかし、この関係は生涯続き、秀吉が合戦に出陣すると、利休は大坂城に入り、戦況の報告を聞いたり、またその情報を各戦場の弟子衆の武将に告げるという仕事をするようになります。いわば、「情報の集約と伝達」という役割を、秀吉のもとで利休は担うようになるのです。(2)

例えば、天正十二年（一五八四）の小牧・長久手の戦い（信長の次男信雄・徳川家康の連合軍との戦い）では、利休は戦場の秀吉から手紙を受け取り、この長期にわたる合戦の最終段階での竹鼻城（岐阜県羽島市）を落としたことを知らされています。そして、その情報を、手紙の宛先のある武将（不明）に告げ、秀吉の動勢も伝えています。

宛先不明ですが、利休の側近としての役割を示す貴重な手紙です。

寔《まことに》被レ寄二思食一《おぼしめしよられ》一折、過当至極《しごく》に候。尚従レ是《これより》可二申入一候。
御折紙（お手紙）拝領。昨日従二秀吉公一《ひでよしこうより》御折紙到来候。竹鼻城、去十日に相渡候《あいわたしそうろう》。城中衆えは一柳一介《ひとつやなぎいちすけ》、牧村長兵《まきむらちようべい》贈候《たまいそうらい》て、長島帰城候。直《ただち》に秀吉ハ伊州（伊勢）へ御越被レ申《おこしもうされ》候。所伝兵（人名か、軍役名か）別紙にて可二申遣一候へ共《もうしつかわすべくそうらえども》、右旨《みぎのむね》、御言伝《おことづけ》にて申入《もうしいれ》候。恐々謹言。

抛筌（利休の号「抛筌斎」）

六月十三日　宗易（花押）(3)

本文は、二行目からです。文意は、「お手紙拝領しました。昨日、秀吉公から戦況についてのお手紙が届きました。それによると、竹鼻城は、去る十日に秀吉の軍に接収されました。城番の武将には、一柳一介と牧村長兵が入城し、その後長島に帰城しました。すぐに秀吉公は伊勢に向かわれました。所伝兵が別紙で其方に御遣わしになりましょうが、右の内容を秀吉公のご伝言としてお伝えします」という意味です。そして、一行目の追而書《おってがき》には、「まことにお心遣いによってお手紙をいただき、この上なくもったいないことです。なお、これからご連絡も致しましょう」とあります。手紙の宛先の武将は、利休の筆致からすると身分の高い武将のようです。

さて、落城させ接収した竹鼻城に、城番として入ったのは、一柳一介と牧村長兵でした。一柳一介は一柳直末《なおすえ》（天文十五〈一五四六〉～天文十八〈一五九〇〉）、秀吉が信長の家臣であった時から秀吉に仕えた信頼のおける武将です。そして、牧村長兵は前節で述べた「利休弟子衆七人衆」の一人です。利休の弟子が「武辺」の人であることがよく分かるでしょう。

注目すべきことは、この宛先の武将には、べつに「所伝兵」（人名か合戦の役割か不明）から報告の手紙が届くが、秀吉自らが利休から伝言せよ、といわれている点です。ここにも、戦場にいる秀吉から、大坂城の利休に戦況が報告され、それを別の武将に伝えるという役割を利休が担っていたことが分かるでしょう。

こうした側近としての利休の役割は、生涯変わらず続くのでした。

2　躙口に置かれた茶壷

さて、利休の弟子衆は、どのようなことを利休から学んでいったのでしょうか。その疑問に、答えてくれるような逸話があります。『松風雑話』という茶書に語られる話です。

『松風雑話』は、稲垣休叟《いながききゅうそう》の編集した茶書です。江戸の後半に出来た茶書ですが、それまでの様々な逸話集などを抄出して編集していますので、内容は古い伝承もうかがえます。

そのなかに、利休が躙口《にじりぐち》に茶壷を置いて、弟子衆の客を迎えた話があります。

> 葉茶壺《はちゃつぼ》を、利休、茶湯にざしき《座敷》のくゞり（躙口）の前にかざりおき、客は五人の伝授《でんじゅ》の弟子衆（台子点前を伝授された弟子衆の意か）なり。初客（正客）、くゞりの戸あけたるとき、前のごとく大壺をおかれたるゆえ、五人衆、相談にて、壺を真中へ直して坐に着く。利休、出て一礼ありて、壺を直し候き。「如何《いか》に候へども、兎角《とかく》座入ならざるゆえ、かようにいたし宜《よろし》く候哉《や》」とたづねらる。利休、「一段尤《もっとも》のあしらい」とほめられ候。右の五人は、蒲生氏郷《かもううじさと》・瀬田掃部《せたかもん》・牧邨兵部《まきむらひょうぶ》・細川与一郎・古田織部なり。外に利休息《そく》道安伝授なり。（4）

利休の高弟、蒲生氏郷・瀬田掃部・牧村兵部・細川与一郎（三斎）・古田織部の五人が利休の茶会に招かれました。茶壷をわざわざ飾るのですから、おそらく口切《くちきり》の茶会かもしれません。ところが、なんとその茶壷が躙口の開けたところに飾られていました。元来、茶壷は、格の高い道具ですので、床の間に飾っておくのですが、躙口のある小間の侘び空間ですので、茶壷の飾りなどは、侘びた床に飾るには似合わないと、利休が判断したのかもしれません。あるいは床無しの茶室であったかも知れません。

そこで、躙口を開けたところに茶壷を置いて、驚くであろう弟子衆の対応を、利休は見てみようとしたのでしょう。

まず正客は蒲生氏郷でしょうか、彼が躙口の戸を開けると、前に大きな茶壷がドンと置かれています。そこで、五人の弟子衆は相談をして、壺を小間の茶室の真ん中あたりに置き直して席入りをしました。想像をたくましくすると、躙口の戸を開けた状態で、床の間に飾られていると仮定して、五人はまず靴脱ぎ石の前で拝見し、それから、正客が茶壷を茶室の中央あたりに置き直し、それぞれ着座したのでしょう。

利休が茶室に出てきて挨拶をし、そのまますぐに茶壷を勝手（水屋）にしまいました。その後再び利休が入室し、問答となりました。正客でしょうが、「先生、なんとしてもあそこに茶壺を置かれると、席入りが出来ません。このようにしたのですが、宜しかったのですか」と質問します。すると、利休は、「なかなか機転が利いたよい扱いでしたよ」と褒めたのでした。

利休は、決して意地悪をしたわけではありません。まず、室町時代であれば、一番格の高かった茶壺ですので、侘びの空間には似合わない、という判断があったのかもしれません。おそらく、この茶室は、床無しの侘びた茶室なのでしょう。そこで、茶壺を床に飾ることができないので、席入りの前に、躙口で茶壺をまず拝見してもらって、席入りの後、利休はすぐに茶壺を勝手に引いたのでしょう。「利休、出て一礼ありて、壺を直し候き」とあるように、利休は、入室して挨拶し、すぐに茶壺を水屋に戻したのです。

こうした侘び茶への自覚と道具への解釈によって、利休は、定型化した作法に変化を加え、応用問題として弟子衆の対応を試みたのでしょう。決まり事や作法に拘《かかわ》らず、解釈によって定型を変化させ、それを弟子に応用問題として試させたといえるのです。

茶の湯は、ある型を学ぶことからスタートしますが、型を超えた応用の利く扱いが出来なければいけません。床無しの茶室で、茶壺を飾るという難しい仮題に、利休はこのような形を考案したのでしょう。露路（庭側）から躙口を床に見立てて茶壺を飾ったのでした。利休は、弟子衆に物事の応用ができる茶人になるよう、教育していたのです。

こんなことが実際に行われたのか、と疑問に感じますが、秀吉も実際に利休のこの飾り方を学んでいたようです。

天正十五年（一五八七）十月十四日、博多の神屋宗湛《かみやそうたん》が北野大茶湯に参加しようと上洛しましたが、北野大茶湯が一日で終わったため間に合わず、八日に上洛し、大津から帰京した秀吉に聚樂第で面会しています。その時、「カワイヤ、オソク《遅く》上《のぼ》リタルヨナ、ヤガテ茶ヲノマセウツヨ」と秀吉が宗湛に語っています。

宗湛は、十月十四日、聚樂第で関白秀吉の茶会に、津田宗及《そうぎゅう》とともに招かれました。

（天正十五年）亥十月十四日昼
一関白様　御会《聚楽ニテ》之事　　宗及　宗湛両人
二畳敷ニ床無《とこなし》、クグリ（躙口）ノ口ニシガ《（志賀）》ノ大壺ヲ置テ、関白様ハカツテ《（勝手）》ノ口ニ御ヒザ《（膝）》ヲ立御座候《ましましそうろう》、両人ハカシコマツテ、土地ヨリ拝見仕《つかまつる》ナリ、サテ内ノ如ク（「如く」は「〜へ」の意）、御テヅカラ御取候、其後ニ両人ハスキヤ《（数寄屋）》ニハイ入申也、(5)……（以下略）……

右のように、聚樂第の二畳床無しの茶室でした。ですから、「クグリノ口ニシガ《（志賀）》ノ大壺ヲ置テ」と、躙口の所に茶壷が置かれたのでした。

利休の弟子衆の場合は、正客が部屋のなかに壺をおいて席入りし、亭主の利休がそれを水屋に引きましたが、秀吉の場合は、茶道口で片膝を立てて秀吉は座り、宗及と宗湛が「両人ハカシコマツテ、土地ヨリ拝見仕ナリ」と、やはり躙口の外で拝見しています。床がないので、躙口を床に見立てているのです。拝見し終わった様子を見て、秀吉が自ら「サテ内ノ如ク（の方へ）、御テヅカラ御取候」と、勝手に壺を引いています。その後、二人が席に入ったということです。

利休と弟子衆の方は、利休が弟子衆の茶壺の扱いをどのようにするか試していますから、正客が相伴客と相談して茶壺を扱いました。拝見が終わると、席入りの前か後の違いがありますが、亭主がそのまま茶壺を先に勝手に戻すという秀吉のやり方が確かにスムーズです。

両者は、逸話と記録との違いはあれ、驚くほど同じ作法ですので、利休の弟子衆・秀吉がそれぞれ独自に機転を利かせたことが理解できます。利休の物事を応用させる教育の成果を見てとることができるでしょう。また、あの天下人秀吉でさえ、利休による床無しの茶室での壺飾りの工夫を学んで、自身の茶会に取り入れていたことがよく分かります。

3 「湯相」と「火相」と「おいしい茶」

利休の茶の湯は、弟子たちにとっては、ある意味で自ら考えさせる教育でもありました。『松風雑話』には、弟子の南坊宗慶《なんぼうそうけい》（「宗啓」とも）（生没年不詳）と利休との逸話が語られています。この宗慶は、利休に茶の湯を学び、「慶首座」として茶杓削りをよくし、利休の茶杓の下削りをしたと伝えられています。晩年は南宗寺の集雲庵に住しました。さて、内容として宗慶が風炉の濃茶点前の後、散々に叱られた逸話が語られています。少し長文ですので、四段に分けて読んでみましょう。

利休居士を、南坊宗慶招待《しょうだい》せしとき、風炉《ふろ》にて頃《ころ》は五月雨《さみだれ》中にて、天気冷《ひやゝか》なり。盌（茶碗）へ茶を入れて、水指の蓋《ふた》とりながら、冷なりければ、釜へ水をさしあえずして、茶を点たり。後に利休さんぐに叱《しか》り給えり。

「何とて水をさゝざりし」と責《せめ》られて、「水をさゝぬ程ならば、何とて水指のふた取られしぞ。察《さっす》るところ、風炉の濃茶《こいちゃ》にみず指《さす》ことはならい得て、水指の蓋とらずんば、点（手）前失念《しつねん》かと人の疑《うたがい》をはゞかりて、蓋をとられたるなるべし。其心得《そのこころえ》にて、茶湯は無益の事なり。客人の思惟《ゆい》を疑《うたがう》こと、巧言令色《こうげんれいしょく》をなして、主客同心も有べきか。心ある客は散々にみかぎるべし。心の穢《きたなき》は修行にて改まるべきか。第一に、風炉（呂）の茶に水さすこと、合点《がてん》なきと見えたり。一座の宗無・宗及は、幸《さいわい》に巧者《こうしゃ》なり。習い給え」となり。[6]

南坊宗慶が利休を招きました。相伴客は、住吉屋宗無《そうむ》（生年不詳〜文禄四〈一五九五〉）と津田宗及でした。ともに秀吉にも茶頭として仕えた堺の茶の達人です。

季節は風炉の季節で、水指の蓋を取ってはいましたが、空気も冷ややかな日でしたので、釜の湯に一杓水を注がないまま、濃茶を点てたのでした。しかし、宗慶の点前の後、利休は、さんざんに宗慶を叱ったのです。

利休の叱責の言葉は、次のような内容でした。「釜に水を注がずに茶を点てたのなら、どうして水指の蓋を取ったのだ。どうも其方《そなた》は、風炉の濃茶では一杓水を釜の湯に注ぐということは習って知っているのに、『もし水指の蓋を取っておかないと、点前の作法を忘れたのかと客が見るだろう』と心配して、蓋だけを取っていたのだな。そんな心得では、茶の湯をしても無駄なことだ。客がどう見るかといったことに気を遣って、口先だけで人にへつらうようなことで、主客同心が成り立つものか。心のある客は、『この亭主はこの程度か』とさんざんに見抜くぞ。そのような心の穢いのは、修行では改まらないぞ。第一に、其方は、風炉の濃茶で、湯を注ぐ前に一杓水を釜に指すことの意味が理解できていないと見える。今日の相伴客の宗無と宗及は巧者だから、質問して習いなさい」という叱責でした。

風炉の濃茶では、暑い季節ですので、湯相《ゆあい》（湯の沸き具合）を押さえるために水を一杓釜に注いでから湯を茶碗に注いで点てます。これは、風炉の季節の茶葉は、口切してから半年ほど経っており、時間の経過とともに香りなども弱っていますので、沸いた熱い湯で点てると、香りが飛んだり茶の味がよくなくなるからです。

ところが宗慶は、風炉の季節でしたが、その日は涼しいので、水を注がずに湯を注いだのです。しかし、作法通りに、水指の蓋は開けていました。利休は、そんなことをするなら、水指の蓋は開ける必要がないのではないか、作法を間違っていないように客から見られないために、わざと作法通りに蓋だけ開けたのだろうと、厳しく叱責したのです。

点前の時、客が自分の点前をどう見ているかを気にして茶を点てるなどでは、主客同心は成り立たないと、客にへつらうような点前はいけないと叱責したのです。

相伴客は、宗無と宗及ですから、彼らに聞いて学びなさいとアドバイスしました。宗慶は、宗無と宗及に聞いてみました。

> 宗無・宗及へ尋れば、いずれも申すには、「暑気の節、沸立《わきたち》たる湯へ一杓水をさせば、暑を避《さけ》すゞしく候。茶を点る働《はたらき》なり。今日ならば、さゝず共一理候わん」など、答《こた》えしかば、居士はつく〲聞《き》ゝて居られしが、皆々帰られて後《のち》に、宗慶、心安からずして、休の袖を一人引とゞめて、再問《さいもん》したりければ(7)、

さて、二人はともに、「暑い時期だから、湯が沸いたところに一杓水を差せば、暑さを涼しくするでしょう。茶を点てる時の工夫ですから、今日のように涼しければ、一杓ささなくとも

一理あることでしょう」などと答えました。これは、宗慶と同じ心だと思われます。利休は、その問答をつくづく聞いていました。会が終わった後、宗慶は、どうも合点がいかず、利休の袖をつかんで、再び聞いてみました。

居士ほゝ笑《えみ》て、「両人は、人にしられたる茶湯者なり。此《この》宗易におとるべきにあらず。両人、この事を秘《ひ》して、伝《つたえ》ざるにもあらじ。根本の所を弁《わきま》へず異見《いけん》めされて笑止《せうし》なり。御坊には我いまだ伝《つた》えず。不心得《こころえざる》も余儀《よぎ》（義）なし。(8)

すると、先ほどは厳しく宗慶を叱責していた利休が、にっこりと微笑んで、「あの二人も、世間でも評価された茶人だ。この私に茶の湯の力量は劣るわけはない。二人は、これから其方に教えようとすることを隠して伝えなかったのではないよ。一番大切な根本をわきまえずに、間違った見解を述べていたので、おかしな事だ。あなたにはまだ教えていなかったので、知らなかったのも仕方がない」と答えました。そして、続けて次のように茶の湯の要諦《ようてい》を宗慶に教えたのです。

茶湯とは何のための名目《めいもく》ぞ。茶道には湯にまさる大事のものやあるべき。茶と湯《ゆ》と相応《さうおう》せざれば、いかなる名園の上品にても風味すぐれまじきなり。『茶と湯と和合する事専一に』と先達《せんだち》の思を付たる名なるよし、紹鷗子申されしなり。夫ゆえに、台子《だいす》をはじめとして、湯相《ゆあい》を専一にすること、云に及ばず。草庵にても、初入の火相《ひあい》を考へ、後座《ござ》（坐）の湯《ゆ》の思のまゝなる時《とき》にこそ茶を点るなれ。巧者不巧者は、たゞ湯相・火相《ひあい》にこそ」と、こまやかに教られし(9)。

利休は宗慶に教えました。「茶の湯とは、何のために付けられた名前なのか。茶の道には湯以上に勝《まさ》るものはあろうか。茶と湯とがうまく和合しなければ、どのような名茶園の最高の質の茶でも、その風味はよくなることはあり得まい。『茶と湯が和合することが一番肝心なこと』と、この道の先達の思いを思いを込めたのが「茶の湯」という名前なのだと、私の先生の紹鷗《じょうおう》師も仰っていた。それ故に、台子を始めとして、湯の加減を第一にすることが一番大切なのは当然のことだ。草庵の茶（侘び茶）でも、初座の火相（炭の燃え具合）を考えて、後座に湯がちょうどよく沸いて、思いのままに点てられる時に茶を点てるのだ。茶の湯の巧者（上手）、不巧者（下手《へた》）は、ただ湯相と火相に見て取れるのだよ」と、細やかに宗慶に説明したのでした。

ここには、作法を心得ているかどうかなどとは違って、客にどうすればおいしくお茶を飲んでいただくかということこそが茶の湯の根幹である、という利休の主張があります。茶と湯との和合こそがおいしい茶を点てる要《かなめ》で、そこから「茶の湯」という言葉が生み出されたのだとも述べられています。一番単純なおいしい茶を点てるという所から、点前の作法が出来ていて、作法を気にしたり、客の目を気にしたり、涼しいから温かな湯を注ごうといった考えは、おいしい茶を点てることから離れてしまうのです。あくまでもおいしい茶をお客に点てるというのが利休の茶の湯の考えの根幹だったのです。

この逸話で、私は、表千家の先代の家元、而妙斎宗匠がＮＨＫテレビの茶の湯番組で、最初に挨拶される時、必ず「おいしいお茶を点ててください」と仰っている意味を悟りました。まだ初心で、何も分からなかった頃は、いつも同じ事を仰っている程度に見ていたのですが、これこそ茶の湯の要諦で、おいしい茶を点てるために、湯相・火相に心を尽くすところから、点前が形作られている一面があるということを改めて感じることができたのでした。

4　よい道具はそのままに

利休は、前節の逸話のように、厳しく弟子衆を叱ることもあったようです。叱るというのは、叱る側にきちんとした理由があることが大切です。叱られる側の成長に合わせた叱り方もあるのでしょう。南坊宗慶は、茶室では厳しく叱責されましたが、その後利休は、「居士ほゝ笑《えみ》て」とありますように、叱られた側の合点がいくように、理路整然と茶の湯の要諦を説明しました。茶の湯の指導者は、教育者でもあることがよく分かります。そして利休はそのことを愛弟子たちに自覚的に行っていたことが理解できるでしょう。

さて、弟子衆を叱る話には、おなじく『松風雑話』に面白い逸話がありますので、もう一つ紹介しましょう。

この逸話は、侘び茶の茶室の床の天井が高くなったのは、茶道の祖・村田珠光《しゅこう》の功績だという、面白い話です。

床《とこ》天井高くなるは、これも光（珠光）の名誉《めいよ》なり。

芝山監物《けんもつ》宅へ利休・加飛騨（蒲生氏郷）・細忠興（細川三斎）、この三人を申入れ、床に一《いっ》休《きゅう》の筆《ふで》「初祖菩提達磨大師」をかける。床天井へ矢箆《やの》（矢の幹。やがら）をはりかけまわしてかけ置く。

芝山、易（利休）に問て云、「この墨蹟ながくてかゝり不申《もうさず》。矢のにて掛廻《まわ》し候へども、度々壁《かべ》も候間、表具を直《なお》し給わり候へ」といへば、易答《こたえ》云、「この墨蹟は光（珠光）の表具と見付《みつけ》候なり。かくのごとき表具、誰《たれ》人かなるべきとて、光の表具に極《きわめ》たり。是をいろい候事はならず」という。「床天井をあげ候へ」となり。

芝山又云、「尤《もっとも》、珠光にても、何光にても、御直し給り候へ」という。又、相客の両人も連て頼れしに、易云、「取合をいはゞ、そなた衆めされよ。光のめされ候事、われらはならず」といへり。

其《その》とき芝山云《いわく》、「みじかきかけもののときは、何と候わんや」といえば、易云、「それはまたよし。額にて分別《ふんべつ》候へ。早々あげてしかるべし」とて、これより床天井高くなるなり(10)。


利休の弟子の芝山監物が、利休と蒲生氏郷・細川三斎を招き、床に一休筆「初祖菩提達磨大師」の一行を掛けました。床の壁だけでは高さが足りずに、床の天井に矢筈《やの》に工夫して掛け廻し、この軸を掛けていたのです。

そこで芝山監物は、利休に、「この墨跡は長くて、この床には掛かりません。矢筈を掛け回してなんとか掛けていますが、度々壁も傷つきますので、先生、この表具を短く直してください」と頼んだのです。すると、利休は、「この墨跡は、珠光の表具と見抜きました。このような立派な表具は、珠光以外に誰が出来ようか。珠光の表具と鑑定しました。これをいらう（手を加える）事は出来ません」と、芝山の依頼をきっぱりと断りました。

すると、相伴客の蒲生氏郷と細川三斎も、一緒に頼み込んだのですが、「表具の取り合わせについていうならば、あなた方がやってみなさい。珠光のなさった表具に対して、私が表具のし直しをするなど、できるわけがないです」と、利休は弟子を叱りつけるように、再度表具の依頼を拒絶します。

その時、芝山が尋ねました。「先生、床の天井を高くした時、短い掛け物の時は、いかがなものでしょうか」と。すると、利休は、「それはまたいいものですよ。全体のバランスで分別しなさい。早々、床の天井を高くするのがよろしい」と言ったので、このことから床天井が高くなったということです。

これは、小間の茶席の床天井が高くなったことの起源の逸話です。この逸話のもととなる伝承が『松屋会記』「久重茶会記」寛永十七年（一六四〇）四月十五日に、三斎の語った話として記録されています。

芝山監物《しばやまけんもつ》とは太閤の咄《はなし》の衆也。此《この》芝山に、堺住吉一休寺の方丈に、

初祖菩提達磨大師

一休筆にて有之《これある》を、佐久間甚九郎《じんくろう》（不干斎）買求《かいもとめ》て、芝山監物にやる《遣る》也。「是は珠光表具」と利休見出したり。「誰か加様之事可成《かようのことをなすべき》。扨《さて》も〳〵も」と誉《ほめ》し也。珠光は第一一休参人也。然所《しかるところ》に長き掛物なれば掛られず候へば、加毛《（蒲生）》飛騨（蒲生氏郷）・細川与一郎（三斎）両人を、芝山頼て云《いわく》、「利休へ表具の事可申候間《もうすべくそうろうあいだ》、御取合頼候《おとりあわせたのみそうろう》」と也。

然《しかれ》ば、有《（或）》時に利休・飛騨・与一郎三人へ芝山すき《数寄》（茶会）をする也。彼《かの》墨跡を床天井の前の方に掛けて、天井を廻し、なよ竹（細くしなやかな竹）にて角《かど》を押入掛て、下にも巻ためて置て、芝山云、「此掛物床にかゝる様に、利休に被成候而《なされそうらいて》被下候《くだされそうら》へ」と云。易（利休）答云、「是を誰かいろい候事《そうろうこと》可成候哉《なすべくそうろうや》」とて、終《つい》に同心無之候《これなくそうろう》。

芝山云、「たとい珠光成共《なりとも》、十二光なり共、御なをし候て、床に掛る様に被成候而《なされそうらいて》可被下候《くださるべくそうろう》。竹にて押入候へば、毎度壁もそこね、いか如何にしても掛られず候」と云《いう》。其《その》時両人の相客云く、「あれ程の望《のぞみ》に候間、御なをし被成候《なされそうら》へかし」と云ば、利休云《いわ》く、「それは何と云事ぞ。能物《よきもの》を悪《あしく》なす事、我者《われは》不成候間《なさずそうろうあいだ》、能《よ》き物を悪《あし》くなし度《たく》ば、そなた衆めされよ。其ごとくに能《よき》を悪《あしき》なす事、我等はえせず候」とて、さん〴〵にしかり、機嫌候き。惣別《そうべつ》「珠光いろいたる事をさわる事、努々不可有《ゆめゆめあるべからず》」と云えりて《（衍カ）》。「左候《さそうら》わゞ、床天井上げ、高くして掛らるべく」と云えり。是より天下の床天井高く成ぞ。手柄成事《てがらなること》どもなり。此《この》掛物、今は将軍様にこれあり。天下一の一休とは此事《このこと》也。」右のごとく、床天井高きに、ちいさきかけ物をも掛る事に在。口伝也[11]。

内容は、『松風雑話』の伝承とほぼ同じですが、三斎の語りの方が、「『それは何と云事ぞ。其ごとくに能《よき》物《もの》を悪《あしく》なす事、我者《われは》不成候間《なさずそうろうあいだ》、能《よ》き物を悪《あし》くなし度《たく》ば、そなた衆めされよ。

を悪なす事、我等はえせず候』とて、さん〴〵にしかり、機嫌候き」というふうに、利休の弟子衆への叱り方が強く語られています。

「能物《よきもの》を悪《あしく》なす事、我者不成候間《われはなさずそうろうあいだ》、能《よ》き物を悪《あし》くなし度《たく》ば、そなた衆めされよ」という言葉に、利休は、道具の背後にある文化的価値を大切にし、伝統のある品に手を加え、良いものを悪くしてしまうことを厳しくたしなめて、弟子に道具の価値が何であるのかを知らせています。

5　名物は自身の眼で

また、利休は、師匠のまねごとをするだけではいけない、と弟子衆に教えています。『茶話指月集』に語られている逸話です。

利休、ある年の口切に、ふるき丸釜をいだしたれば、例の七人衆、こゝかしこたづねらる。其《その》うち独《ひとり》、似たる釜取出し茶湯あり。休、「各《おのおの》の物数寄いまだ至《イタ》らぬと存《ぞんず》る。たとへば、其丸きを出さば、却《かえつ》て四方《ヨホウ》なるを御出し候へかし。此釜よく似たれども、はや第二義におちて、おもしろからず」という。

もとより名物といわるる程のものは、どこぞに勝《スク》れたる所有て、第二におちず。又、重名の品にもかぎらず、軽き物にもありなん。(12)……（以下略）……

ある年の口切の茶事に、利休は古い丸釜を使ったところ、例の七人衆の武将たちは、ここかしこをたずねて似た丸釜を探しました。おそらく、利休の使った古い丸釜は、掘り出し物だと思います。古くから伝来された名物ではなく、町の道具店で見つけ出したものでしょう。弟子たちは、その釜の面白さに感じて、ここかしこと師匠の使った丸釜を探し回ったのです。

そのうち七人衆の一人が、利休の使用した丸釜に似た釜を掘り出してきて、茶会を催したのです。すると、利休は、「皆さんの侘び茶の工夫は、いまだ未熟ですね。例えば、私が丸釜を見つけて使ったならば、かえって今回は四方（四角）の釜を見つけてお使いくだされば よかったのに。この釜は、先日の私が使ったものとよく似てはいますが、やはり第二義に落ちて、面白くありませんよ」と批評したのです。

もとより、名物と呼ばれる程の道具は、どこかに優れたところがあり、決して第二義に落ちるということはない。また、名物というような名のある道具に限らず、町の道具店に置いてあるような軽いものにも、名物に劣らないものもあるのだ、という逸話です。

利休は、師匠のまねごとではなく、自身の感動するものを掘り出し、茶会に変化をもたらすことを教えたのです。そして、伝統的な名物の価値を認めつつ、掘り出し物のなかにも名物になるものはあるのだ、と弟子衆に教えています。それはまさに「文化の下剋上」ともいえる考え方です。下剋上に生きた荒々しく勇猛な武将たちは、こうした利休の薫陶をうけ、茶人として、そして武辺の人として人間的成長を遂げたのです。利休は、勝れた教育者でもありました。

【註】

（1）桑田忠親『利休の書簡』河原書店、一九六一年、第二十四号書簡。
（2）生形貴重「秀吉の天下取りと利休の役割―利休書簡を中心に―」『茶の湯研究和比』第十二号、表千家不審庵文庫編収与参照、二〇二〇年、二九～四三頁。
（3）同註（1）第三十二号書簡。
（4）『松風雑話』（小枝略翁編『茶事集覧4巻』一八五二年）一四。
（5）『宗湛日記』（千宗室ほか編『茶道古典全集　第六巻』淡交新社、一九五六年）一二〇頁。
（6）同註（4）二。
（7）同註（4）三。
（8）同前。
（9）同前。
（10）同註（4）四。
（11）『松屋会記』「久重茶会記」（千宗室ほか編『茶道古典全集　第九巻』淡交新社、一九五七年）寛永十七年四月十五日の条。
（12）『茶話指月集』（千宗室ほか編『茶道古典全集　第十巻』淡交新社、一九六一年）二三一頁。

終章

「侘び茶」は「文化の下剋上」

1　棗濃茶にみる侘びの精神

千家の茶の湯の特色の一つに、「棗濃茶」があります。棗は、十六世紀中頃から堺の町衆の茶会記に登場する茶器でした。しかも格の高い茶入と違って、日常的で下手《げて》の道具でした。しかし、その棗は利休によって愛用され評価されて、最高級な裂地の仕覆《しふく》で包まれ、濃茶を点てる茶器にまで出世しました。しかし棗という茶器の歴史を鑑みると、利休がもともと下手の竹を使い、竹の中節・蟻腰の茶杓を好んだように、棗の評価の背景にも、利休の侘びの精神、「文化の下剋上」が見て取られるのです。本章ではその棗の濃茶から利休の精神を読み解いていきましょう。

利休の孫の千宗旦《そうたん》が織田有楽《うらく》を招いた時の逸話が、利休の逸話集『茶話指月集』の「名物道具集」の中に語られています。この「名物道具集」は、編者の久須美疎安《くすみそあん》による『茶話指月集』の本文に付加された章で、おそらく本編に附録編として追加されたものと思われます。その逸話は、「鷲棗《わしなつめ》」についての記事ですが、次に引用してみましょう。

一　鷲《ワシ》ノ小棗 利休所持 出百会《ひやくかいにいず》
袋は太閤（豊臣秀吉）より宗易（利休）拝受の切《き》レ、名を蜀錦《シヨクキン》と云《いう》。此《この》棗、宗旦の代《ダイ》に有楽斎（織田有楽）を招きて、盆点《ダテ》にせらる。斎、「棗の盆点《ぼんだて》めづらし」と宣《ノタマウ》。旦（宗旦）、「貴所の草部屋よりも秘蔵ならばいかゞ」との挨拶。人の知ﾘたることとなり。(1)

この棗（鷲の小棗）は、利休所持で、『利休百会記』にも出ているという注が施されていますが、『茶話指月集』の利休の逸話を宗旦から聞き伝えた藤村庸軒《ようけん》から、編者で庸軒の娘婿の久須美疎安に譲られた棗です。本歌の鷲棗は現在所在は不明ですが。今日その写しが伝来しています。小棗の少し大ぶりなものです（次頁図21、22）。

「鷲棗」と呼ばれる理由が、樂惺入氏が発刊されていた『茶道　せせらぎ』（私家版）に紹介された「久須美疎庵（安）鷲棗記録」に、次のように引用されています。

一　此《この》鷲棗は、利休所持にて、宗旦に伝わる。名を鷲《わし》と云《いう》。其《その》意は、世間の棗数所有《かずあるところ》とい え共《ども》、是《これ》より上を見ずとなり(2)

とあり、鷲が外の鳥より高く飛び回ることから、これ以上の高く評価される棗はないといわれたところから、その名が付けられたということです。

図21　鷲棗(個人蔵)

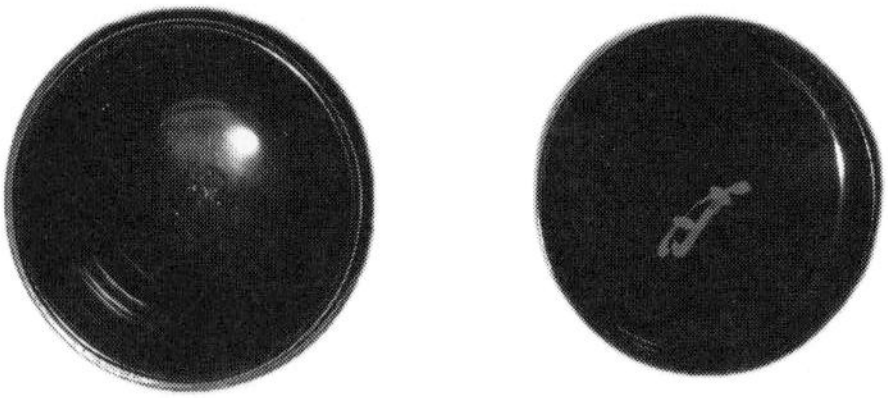

図22　鷲棗　覚々斎在判(個人蔵)

この棗は、利休から宗旦に伝来していましたが、ある時宗旦が織田有楽を招いて、「盆点《ぼんだて》（「ぼんてん」とも）」で濃茶を点てました。

「盆点」という点前《てまえ》は、本来大変格の高い唐物茶入などを盆に載《の》せて、茶入を非常に丁寧に扱って濃茶を点てる点前のことです。最高格の唐物茶入などの名物茶入を使いますので、畳には茶入を直接置かず、盆に載せて扱うわけです。今日も、「盆点」の免状は、最上の免状の一つとなっています。

当然、その茶入には仕覆が添いますが、この鷲棗には、利休が秀吉から下賜された蜀江錦《しょっこうにしき》という裂《きれ》が使われています。これも中国の明代に作られた錦で、唐物の裂地で最高級のものです。

この錦の仕覆に包まれた鷲棗を盆に載せて、宗旦は有楽に濃茶を点てたのでした。するると、有楽は驚いて、「棗の盆点めづらし」と言ったのでした。それに対して、宗旦は、「あなたの御所持の名物茶入、草部屋肩衝《くさべやかたつき》の茶入よりもご秘蔵していただくなら、替え事して差し上げましょうか」とユーモラスに返答したのでした。

この逸話の最後には、「人の知ㇼたることとなり」とありますので、鷲棗をめぐって、人々に広く知られた逸話だったようです。なぜ「棗の盆点めづらし」と言ったのでしょうか。

それは、棗という茶器が、実は元々格の低い庶民的な茶器だったからです。そのことについては、次節で述べますが、有楽は、当然最高の裂地の蜀江錦の仕覆から、唐物か古い瀬戸の名物茶入などが出てくると期待していたのでしょう。ところが、なんと茶器としてはもともと下手の棗が出てきたのでした。そして、宗旦が棗を使って、「盆点」という最高格の点前で濃茶を点てることに驚いたのでした。

織田有楽は、織田信長の弟で大名でしたから、当然唐物茶入や古い瀬戸の名物茶入での濃茶に普段からなじんでいたのです。ところが、宗旦は、なんと棗を使って最高格の点前をして見せたのですから、有楽が驚くのは当然でした。

宗旦が有楽の驚きの言葉に対して言った「貴所の草部屋《くさべや》」、すなわち有楽所持の「草部屋肩《かた》衝《つき》」は、堺の商人の草部屋道設《どうせつ》がかつて所持していた名物茶入で、もとは三好実休《じっきゅう》が所持していた茶入でした。なお、肩衝というのは、肩の部分が張り出した形からつけられた名称です（図23）。

『山上宗二記』にも、当時の名物肩衝を列挙した記事の中に、次のように記されています。

一、かたつき　堺、くさべ屋道設《どうせつ》にあり。

昔、三好実休所持。(3)

利休時代には、堺の商人、草部屋道設の所持になっていたようです。

図23　瀬戸肩衝茶入（個人蔵）

例えば、『天王寺屋会記』「宗及他会記」の永禄九年（一五六六）十月二十一日の条には、津田宗及《そうぎゅう》が宗易（利休）とともに草部屋道設の茶会に招かれた際に、この肩衝が使用されています。その条には、

一　床ニ墨蹟、カケテ、　後、カタツキ、方盆ニすえ《据》(4)、

とありますので、「盆点」で、後座（茶事の後半）に濃茶が点てられたようです。草部屋肩衝という呼び名が出来たのは、草部屋道設の所持の茶入として、この頃この肩衝が評判になったからでしょう。右の記事の後には、この肩衝の拝見記が記されています。そこには、

一　カタツキ、　茶過テ、床へ及《宗及》上候《あげそうろう》

カタ《形》ツキ、ナリタカク候、ころ（大きさ）大ナル也。土カタノコトク《形の如く》、薬クロイロアメ色也、
ナタレ一スチ《筋》、コシ《腰》ニ帯有《オビアリ》(5)

とあり、少し丈が高い大ぶりな茶入のようで、釉薬は黒っぽい飴色で、胴の中程に彫った線状の筋があったようです。

また、神屋宗湛《かみやそうたん》の『宗湛日記』天正十四年（一五八六）十二月二十一日にも、草部屋道設に宗湛が一人招かれ、この肩衝茶入の詳細な拝見記を記しています。その記事に続けて、

一　袋ハ、白地小紋ノ金襴、シメ緒紅也、(6)

とありますので、白地に細かな紋の金襴で、締め緒が紅色の仕覆に包まれていたようです。

ところが、『宗湛日記』、慶長十年（一六一五）六月十六日の条には、神屋宗湛が有楽の茶会に招かれた時にも、この草部屋肩衝が使われています。「肩衝ハ、堺クサビヤ《草部屋》道設ノト也(7)」と記されていますので、この時には、道設の所持から有楽の秘蔵の茶入になっていたことが分かります。

これらの会記記事には、天目台に天目（茶碗）が載せられて点前されていますので、草部屋

肩衝が大変な評価が与えられた名物茶入であったことがうかがわれます。
有楽が「棗の盆点めづらし」と言ったとたんに、宗旦は、「貴所の草部屋よりも秘蔵ならばいかゞ」とユーモラスに応じていますから、宗旦にとって、この祖父利休から伝来した鷲棗が、名物肩衝茶入以上のものとして評価されていたことが分かります。

2　鷲棗の伝承

さて「鷲棗の由来」については、次のように記されています。

一鷲棗　盛阿弥《じようあみ》作
　箱蓋裏張紙　元伯筆在判
　袋　蜀金
　替袋　宗薫、相坂、鎌倉、三ツ有
蜀金の袋は、東山御物《ごもつ》也　太閤殿下より利休に拝領の由　加賀前田利家公も同時に御拝領の由（中略）
鷲棗は、利休が棗を好まれし始めと言い伝う、其後《そののち》、今の如く、大中小と型出来《しゆつたい》せりと也
豊太閤（豊臣秀吉）へ御覧に入れし処、殊《こと》の外《ほか》御賞美にて、此《この》袋裂を下されし也。

箱桐桟蓋《さんぶた》にて、張紙《はりがみ》に「わし《鷲》」とあり。宗旦筆、盛阿弥作、彫名あり。是《これ》は、秘蔵此上《このうえ》を見ぬと云う事にて、わし《鷲》と号名せられし由[8]。

鷲棗の作者は盛阿弥《じょうあみ》（「せいあみ」とも）で、利休の塗師《ぬし》です。これを豊臣秀吉に仕覆に入れて見せたところ、秀吉が大変気に入って、蜀江錦の裂地を下賜したということでした。また、「秘蔵此上《このうえ》を見ぬと云う事にて、わしと号名せられし由」という銘の由来は、秘蔵この上なしということで、先述の「世間の棗数所有《かずあるところ》といえ共《ども》、是《これ》より上を見ずとなり」という由来に通じます。

鷲が最も高い上空を飛び、その上を飛ぶ鳥がいないということから、最高という意味で「鷲棗」と名付けられたのでした。

この棗が、後に宗旦の弟子、藤村庸軒に伝来し、庸軒が娘婿の久須美疎安に譲ったのでした。前掲の『茶道　せせらぎ』（私家版）には、「藤村庸軒より久須美疎安宛譲り状」が収載されています。この中に、先に引用したの『茶話指月集』の「名物道具集」の記事と同じ逸話が載っています。

一　此《この》鷲棗、其方《そなた》（久須美疎安）へ遣《つかわ》し候。是《これ》は、昔、宗旦翁、此棗にて有楽侯へ御茶進ぜられ候時、始て盆点に被致候《いたされそうろう》を、有楽侯、「棗の盆点珍敷《めずらしき》」と御申候時《おもうしそうろうとき》、宗旦被申候《もうされそうろう》は、「貴公の草部屋肩衝より秘蔵ならば如何」との挨拶。人々知りたる事に候也。（中略）利休より旦翁へ伝り、旦より息宗拙へ伝り、拙より素閑（石川素閑）に参り、閑より転々として我等に来《きた》る。旦翁の事存じ出し、盆点にして茶の湯致し、我等慰み申候。年寄《としより》、茶の湯も不成候故《ならずそうろうゆえ》、貴所へ遣《つかわ》し申候。尤《もっとも》可為秘蔵《ひぞうたるべき》者也《ものなり》。

以上

元禄十一戊寅年八月既望

反古庵庸軒　（花押）

久須美小兵衛殿参る(9)

『茶話指月集』の「名物道具集」の記事が、右の庸軒の譲り状の前半部から書かれていることは、両者の文章の語句の共通性から分かります。ともに、「人の知リたることなり」「人々知りたる事に候也」という末文まで、ほぼ同じ文脈で語られていることから、両者の伝承が直接的な書承関係によるものと分かります。そして、この鷲棗の伝来が、利休・宗旦・宗拙・石川素閑と伝来し、その後人々の所持を経て、藤村庸軒に伝わったことも記されています。

庸軒は、師の宗旦がこの棗を「盆点」にして茶を点てた事を思い出し、ずっとそのように扱い、晩年に娘婿に譲ったのでした。

このように、「是より上を見ず」「秘蔵此上《このうえ》を見ぬ」と、唐物に劣らぬ評価をされたのが鷲棗だったのです。しかし、大名の織田有楽には、そのような棗の扱いが極めて珍しく思えたのでした。

3 「下手もの」だった棗

棗という茶器は、それ以外の塗りの茶器に比べて、遅く登場した茶器のようです。

池田巖氏の「棗の歴史」によりますと、十四世紀の茶道史料には、塗りの茶器は、「茶筒・茶桶《さつう》」などの呼び名として出てきて、この頃の塗りの茶器は、「茶桶」、つまり今の中次のような筒型の茶器が、茶入の予備・替えの茶器として主流であったようです(10)。

十五世紀になりますと「頭切《ずんきり》、薬器《やつき》、蒔絵《まきえ》茶器」などが登場します。

「頭切」(「寸切」・「筒切」などとも)は、現在の金輪寺の形と外見は同じで、平たい蓋が円筒状の筒の上に置かれますが、しかし、筒の中の底が半球状になっているものです。金輪寺の内側の底は平たくなっています。外見からは、金輪寺と頭切とは区別できません。

薬器は、茶の湯草創期の茶器で、かぶせる筒形の蓋が特徴的で、胴も丸みを帯びたものなど色々な形があります。その名の通り、本来薬などを入れたものでしょうか。当初、茶も薬として扱われていましたので、薬器が茶の湯の初期の時代に登場するのも理解できます。

そして、室町将軍などの上層武家の茶の湯、すなわち書院の茶の湯時代に、桐の紋などが蒔絵で施された茶器も登場してきます。形状は、薬器のようです。これは、上流階級のものとして装飾の必要性に迫られて出来たものでしょうか。

また、足利義政に仕えた同朋衆の「相阿弥《そうあみ》好みの薬器」などという言葉も登場してきます。「好み」という言葉の早い例のようです。

つまり、十五世紀の室町将軍たち上流武家の書院の茶の湯の時代には、同朋衆たちが茶を点てる茶湯所《ちやのゆどころ》（「茶点所《ちやだてどころ》」とも）に、これらの初期の茶器類が置かれていたようです。

ところが、十六世紀、堺の町の武野《たけの》紹鷗《じようおう》から千利休の時代に入りますと、棗が堺の人たちの茶会で盛んに用いられるようになります。いわば、棗は、堺の商人たちの好みに合った時代の先端をゆく茶器で、上流武家社会の書院の茶に使用された茶器とは趣の異なった、下手ではありますが、庶民的でトレンディーなものだったのです。

鷲棗が利休と秀吉との逸話で知られたことから、棗の濃茶が秀吉時代からとの印象を受けてしまいますが、右に述べたように、棗は、紹鷗の時代から特に堺の茶人に愛好され始めたようです。

鷲棗の作者は、盛阿弥でしたが、盛阿弥の他に、紹鷗・利休の塗師《ぬし》としては、記三《きぞう》・余三《よぞう》という有名な塗師もいました。盛阿弥・記三・余三ともに、堺の塗師で、棗の他にも色々な塗り物を遺しています。この三人の中でも、利休は、盛阿弥を最も気に入っていたようです。『茶話指月集』には、次のような利休の言葉が遺されています。

宗易（利休）が盛阿弥に、「棗は漆《ウルシ》の滓《カス》をまぜて、ざつとぬれ。中次は念を入レて、真にぬれ」といいいし。「紀三《キサウ》・与三が棗は、塗《ヌリ》みごとすぎておもくれたり。中次は、秀次《ひでつぐ》（篠井《しのい》秀次 奈良の塗師）・藤重（藤重藤元《とうげん》）をよしとす。」

附《つけたり》

先年、千ノ古宗佐（江岑宗左）物語ニ、「昔ヨリ、中次ハ疵《キヅ》アルヲ嫌ウ。棗ハ厭《イトワ》ズ」トイハレシモ、此意ニ合ウ。(11)

利休が盛阿弥に、「棗は、漆の滓を混ぜて、ざっと塗りなさい。中次は、念を入れて真に塗りなさい」と言っていたのでした。ここには、中次（円筒状で真ん中あたりで身と蓋が合わさる茶器。先述の「茶桶・茶筒」が中次に当たる）は、棗よりも古く伝統のある茶器だから格が高いので、丁寧に真に塗り、格は低いがトレンディーな茶器である棗は、漆滓を混ぜてざっと塗った方が味わいがある、という利休の美意識が見て取れます。

棗は、むしろざっと塗られて、余り見事に輝くばかりのつやのあるできばえではなくていい、というのが利休の考え方でした。ですから、「紀三《キサウ》・与三か棗は、塗《ヌリ》みごとすぎておもくれたり」、同じ塗師の名手の記三・余三の作品は、棗にしては塗りが見事すぎて、余り良くないというのです。中次は、棗より伝統的な格の高い茶器でしたので、念入りに真に塗るわけです。ですから、中次は、篠井秀次や藤重藤元などの名工の作が評価されたのでした。

「附」の付言には、編者の久須美疎安が利休のひ孫の江岑宗《こうしんそう》左《さ》の言葉を引用して、「昔から、中次は疵のあるのを嫌う。しかし、棗は構わない」と述べています。

棗は、疵があっても、むしろそれが味わいになるような侘びた茶器なのでした。中次は、伝統的な格の高い茶器ですので、疵を嫌ったのでした。

ここには、伝統的な美意識の序列から自由な意識があり、利休の侘びの意識が感じられるでしょう。

利休が盛阿弥の棗を的確に見分けた逸話も、『茶話指月集』に語られています。

> 利休、盛阿弥が棗のよしあし見分ること、いく度試《こころみ》に打まぜみせても、まちがわざさるを、人みな感じ侍る(12)

盛阿弥の棗の善し悪しを、何度別の棗を混ぜてみても、利休は間違えず盛阿弥のできの良い棗を間違いなく選んだという逸話です。

下手であってもトレンディーな棗が堺の町で大変好まれ始めたことをよく示す利休の言葉も、『茶話指月集』に記されています。

休（利休）、やゝもすれば、「今日《ケフ》の客は京衆じや。肩衝に茶をとれ。明日《アス》は堺の人じや。棗に茶をはけ」という。

附

其時分《そのじぶん》、京には、道具のみもてあそびて、茶湯は堺に及はず。天正の末より、京盛ンになりて、堺は衰う。(13)

利休は、京都の客には、伝統的な茶器の横綱であった肩衝茶入に茶を入れさせて用意し、同郷の堺の客には、気楽に棗に茶を用意させた、というものです。ここにも、侘びた道具としての棗が、利休にとどまらず堺の人たちに愛用されていたことが分かります。

4　利休の茶の湯と信長の下剋上

さて、茶会記を見てみますと、前節でも紹介した池田巖氏の「棗の歴史」には、棗の会記での初出を、『今井宗久茶湯日記抜書』の永禄六年（一五六三）十月二十七日の記事と指摘されています。(14) これは、堺の商人、塩屋宗悦が津田宗達《そうたつ》や今井宗久《そうきゅう》を招いた茶会で、初座の床には「松山の盆石」が飾られ、後座に、

一　床　水仙花ノ絵、カケテ、　信楽水サシ　天目　棗　メンツウ　引切(15)

と、棗が使われています。

しかし、『天王寺屋会記』「宗達他会記」を見ますと、この一年前の永禄五年（一五六二）正月十日、万代屋道安《もずやどうあん》の会に、すでに棗が出てきています。

一　いるり　なつめ
一　床　墨跡、スカウ、葉茶壺　　後ニ天目
一　　板ニ水指　　水こぼし　　柄杓立(16)

という記事で、具体的な様子は分かりにくいですが、後座で炉を使って、天目（茶碗）で大板・

皆具の形で点前をしたようですので、すでに棗を使って、堺の商人は茶を点てていたようです。棗を使うのがまだ珍しかったのか、茶器が棗であることを最初に記したのでしょうか。少なくとも、会記での初出は、永禄五年まで遡ることができるのです。

さて、利休が棗の濃茶をした記録は、『天王寺屋会記』「宗及他会記」永禄九年（一五六六）十一月二十八日の記事に見られます。

同十一月二十八日朝　宗易《千》会　人数　宗及　新五（紹鷗の子息、新五郎）

……（中略）……

一　炉裏《いろり》ニうば口、自在ニ、　後、籠ヨリ手桶

一　籠ヨリ　天目ハイカヅキ、黒台に、　なつめニ茶入テ(17)……（以下略）……

「人数」は、「ひとあまた」と訓じて、宗及と新五郎が招かれた前に、何席か席が催されており、最後の席で二人が呼ばれたということと思われます。想像をたくましくすると、この日の茶会を、多人数の客を招いていたので、宗及と新五郎も利休の水屋を手伝っていて、最後の席で二人が席入りしたのかも知れません。

さて、「籠」は、点前座の壁側に横開きの戸を付け、そのなかに、水指・茶碗などを入れておく、今日の「堂庫（「洞庫」とも）」の事かと思われます。堂庫から、まず手桶水指を出し、その後、灰被《はいかずき》天目と黒い天目台を出していますので、明らかに濃茶を点てたと思われます。その時、仕覆の有無は不明ですが、「なつめニ茶入テ」と書かれています。

灰被天目は、唐物の天目の茶碗の中では、大衆的で侘びたものですので、茶入を使うより棗が相応しいと利休が考えたのかも知れません。この頃には、まだ棗の濃茶も、堺の商人たちにとっては新たな試みであったのか、「なつめニ茶入テ」という表現が注釈のような印象を与えます。おそらく、仕覆はまだ使用されていなかったと思われます。

ところが、右の記事の三年後、『天王寺屋会記』「宗及他会記」、永禄十二年（一五六九）十一月二十三日の記事を見ますと、次のように棗が記されています。

同十一月二十三日朝　宗易《千》会　宗及一人
炉　一尺四寸、うば口《姥口》平釜、とだん《土壇》ニすえ《据》て、
床　細口、水斗《ばかり》、薄板ニ、始ヨリ、後ニ手桶
ケンサン《建盞》　天目、台ニ　**なつめ、袋ニ入、籠ヨリ**、(18)……（以下略）……

津田宗及一人が招かれた茶会です。炉にわざわざ「一尺四寸」と記されているのは、この頃から炉の大きさが縮小されて、このサイズになってきたからでした。この一尺四寸の炉に姥口の平釜を「どだんニすえて」とありますので、土で塗られた炉で、五徳を使ったのでしょう。土壇《どだん》据《すえ》

床の間には、細口の花入、おそらく「鶴の嘴《くちばし》・鶴の一声」と名付けられた花入が、花を生けずに水だけ入れて飾られていました。これは、花入を鑑賞していただきたいという利休の思いが込められた演出でしょう。

さて、後座になって、利休は、手桶水指、天目台に載せられた建盞の天目、そして棗を取り出しました。その棗に、宗及は、「袋ニ入」とわざわざ記していますので、明らかに棗を仕覆に入れて点前をしたのでした。

それまでは、堺の茶人たちは自分たちが好んだ棗を濃茶に使っていましたが、ここで利休は、その棗に仕覆を着せて、あたかも茶入の如く扱ったのでした。

水だけを入れて、花入だけをしっかりと見てほしいという飾りの演出に添えて、利休は、ここに茶入と同格に棗を扱ったのでした。ここに、「文化の下剋上」の始まりを見ることができます。「水斗《ばかり》」「袋ニ入」という、あたかも注記のような書きぶりに、宗及の驚きさえ感じられる記事です。

ところで、この永禄十二年といえば、信長が上洛した翌年にあたり、新たな信長の時代が始

まる時です。おそらくこの頃に、宗及・宗久の推薦で、利休は信長の茶頭として招かれることになりますが、下手の棗に新たな価値を見出すことに見られるように、利休の茶の湯改革への精神、すなわち「文化の下剋上」を信長が評価したのではないかと想像されます。信長もまた下剋上の精神に溢れた武将だったからです。利休の茶の湯改革への精神と信長の下剋上の心とが響きあう中で、茶の湯の歴史は新たな段階に入ったと考えられます。

この翌年、永禄十三年（元亀元 一五七〇）の四月一日の、『今井宗久茶湯日記抜書』によれば、堺の町に信長が出向き、堺の町の名物を信長が鑑賞しますが、その翌日には、利休が信長の前で点前をしています。

四月朔日
當津（堺の港）ニ有之名器共《ども》、信長様御覧アルベキトテ、松井友閑《ゆうかん》老を以触《もつてふれ》ラレ、今日彼ノ宅ニテ御覧アリ、宗久道具ノ内、松島ノ壺、菓子ノ絵召上《めしあ》ゲラレ候、翌二日、御前ニテ宗易手前ニテ薄茶玉ハリ、其後、御服・銀子多分ニ玉ハリ候也[19]

いわゆる名物狩りの一コマですが、堺の町で名物茶器を眺めた翌日、信長は、利休の点前で薄茶を飲み、大変な褒美を与えたという記事です。利休の点前に、感激した信長の様子をうかがうことができます。

この頃、信長の茶頭の中では、今井宗久が筆頭格で扱われていたようですが、信長が将軍義昭《よしあき》を追放し、信長政権を樹立した天正元年（一五七三）十一月の妙覚寺茶会では、利休が濃茶を担当していますので、信長に引き立てられ、茶の湯改革に邁進していく利休（宗易）の始まりをここに見ることができるのです。さらに、すでに紹介した天正二年の中節・蟻腰の茶杓もこの直後に好まれています。

そして、棗の濃茶は、利休の侘びの精神を継承するようにして、少庵・宗旦へと引き継がれ、千家の茶の湯に引き継がれていきます。棗濃茶は、まさに利休の侘び茶を象徴するものの一つで、千家の茶の湯の特色にもなっていきました。

江戸時代の初期、十七世紀の茶会記を見ましても、その頃武家社会の茶の湯のリーダーでもあった天下の宗匠、すなわち小堀遠州（天正七 一五七九～生保四 一六四七）や片桐石州（慶長十 一六〇五～延宝 一六七三）、あるいは京都に出て上流部家や公家衆に茶の湯を広めた金森宗和（大天正十二 一五八四～明暦二 一六五七）たちは、棗濃茶を彼らの茶の湯に取り入れていません。彼らの濃茶は、あくまでも茶入などの焼物の名物茶入が中心でした。

すなわち、近世の大名茶と千家の侘び茶との趣の違いは、棗濃茶の有無によっても分かるわけです。ここにも利休の侘び茶の精神と影響を垣間見ることが出来るでしょう。

利休の茶の湯というと、つい秀吉と利休という関係で眺めてしまいます。しかし、利休の侘びの精神から、戦国武将との師弟関係の成立など、利休の茶の湯改革の背中を押したのは、信長だったのです。利休の茶の湯は、文化の下剋上でもありますが、その礎《いしずえ》は、信長時代にあったのです。武家政権の頂点に立とうとした信長は、新たな武家の文化として茶の湯を儀礼に高めることを求め、利休は信長の求めに応じて茶の湯改革を推しすすめたのでした。その試みの中で、信長の家臣たちに利休は「目から鱗」体験を与え茶の湯に生きる楽しみを教えました。

政治と文化の下剋上です。それはまさに信長時代にスタートしたものでした。

【註】

（1）『茶話指月集』（千宗室ほか編『茶道古典全集　第十巻』淡交新社、一九六一年）二四〇〜二四一頁。
（2）樂惺入編「茶道　せせらぎ」（私家版）第二巻第三号、一九三六年。
（3）熊倉功夫校注『山上宗二記　付茶話指月集』岩波文庫、二〇〇六年、七二頁。
（4）『天王寺屋会記』「宗及他会記」（千宗室ほか編『茶道古典全集　第七巻』淡交新社、一九五九年）永禄九年十月二十一日の条。
（5）同前。
（6）『宗湛日記』（千宗室ほか編『茶道古典全集　第六巻』淡交新社、一九五六年）天正十四年十二月二十一日の条。

（7）同註（6）慶長十年六月十六日の条。
（8）同註（2）。
（9）同前。
（10）池田巖責任編集『棗―替茶器：茶道具の世界6』淡交社、二〇〇〇年、一三〇～一三一頁。
（11）同註（1）二二二～二二三頁。
（12）同註（1）二〇六頁。
（13）同註（1）二〇六～二〇七頁。
（14）同註（10）一三三頁。
（15）『今井宗久茶湯日記抜書』（千宗室ほか編『茶道古典全集　第十巻』淡交新社、一九六一年）永禄六年十月二十七日の条。
（16）『天王寺屋会記』「宗達他会記」（千宗室ほか編『茶道古典全集　第七巻』淡交新社、一九五九年）永禄五年正月二十日の条。
（17）同註（4）永禄九年十一月二十八日の条。
（18）同註（4）永禄十二年十一月二十三日の条。
（19）同註（15）永禄十三年四月朔日の条。

あとがきにかえて

数年前、私は、岐阜県郡上《ぐじょう》市の国指定名勝「東氏《とうし》館跡庭園」と、同所にある「古今伝授の里フィールドミュージアム」を訪れました。十五世紀の応仁の乱前後の動乱期、伝統的な王朝文化の粋《すい》でもある『古今和歌集』の秘伝が、都から遠く離れた地方領主の東常縁《とうのつねより》から連歌師宗祇《そうぎ》に「古今伝授」として伝えられ、宗祇によって「古今伝授」が京都・奈良・堺にもたらされたことに感動したのを覚えています。そして、本書でも少し触れましたが、東常縁の所領美濃郡上が守護土岐成頼《ときしげより》を擁した斎藤妙椿《さいとうみょうちん》に奪われた時、東常縁がそのことを嘆く和歌を詠み、その和歌に感じた斎藤妙椿が所領を返還したということを知りました。

和歌という「文化」が人の心を動かすことにより、所領返還に通じる「力」にもなっていたことに深く感激したこともよく覚えています。

この東氏館跡庭園の南にある背後の山には、標高五百メートル余りの山頂に、東氏の山城であった篠脇《しのわき》城跡があります。この城は、東氏八代の間の居城でもあったと伝えられており、山城を築くための技術・財力・支配力などの地方領主の力には驚きを禁じ得ません。そして、古今伝授の祖として仰がれた常縁の一族が文武両道の人たちであったことを重ねると、領主の支配の力量には「文化力」が必須のものであったことを強く思い知らされました。ただの力の支配のみでは、所領の経営や発展は望めません。領主に必要なのは、目には見えない「文化」の力だったのです。

茶道史や利休研究に関わる中で、私は茶友とともに、戦国武将たちの遺跡を度々訪れました。福井県一乗谷の朝倉氏遺跡・岐阜県の郡上八幡城・飛騨の高山城跡・信長の岐阜城・石川県七尾市の七尾城跡・奈良県の信貴山城跡・滋賀県長浜市の小谷城跡など、多くの山城を歩きましたが、その都度戦国時代の発展した地方都市は、領主の「文化力」が大いに関わっていたことを実感したものです。

その中でも、戦国下剋上の時代を終わらせようと、全国統一に踏み出した織田信長には大変興味をそそられます。多くのドラマなどを見ていますと、織田信長については、荒々しく非情で暴力的な人物として描かれることが多いようですが、信長が戦国時代に終止符を打ちかけることができたのは、彼が身につけていた「文化力」であったと思われます。信長の決断力、実行力、経済への理解力なども、彼の人間的な魅力でありカリスマの源泉だったと思われますが、信長の「文化力」は、多くの戦国武将が信長に追随する人間的な魅力を形作っていたものと思われます。

中でも、茶の湯文化への理解は、彼が茶道史に足跡を残す要因となったと思われます。上洛後、堺を直轄下に置いて、堺の経済力と「文化力」を遺憾なく利用できたのは、信長の「文化力」だったといってもよいでしょう。

利休と信長との出会いは、その意味でも戦国史の中で大きな意義を持っていたといえます。今日まで、利休は豊臣秀吉との間で茶の湯文化を大成したように理解されていますが、利休の才能を発見し、彼の茶の湯改革の背中を押したのは、織田信長であったといってよいと思われます。

台子点前の改革、中節・蟻腰の茶杓、長次郎茶碗、棗濃茶などの創造的な茶の湯改革などは、天正年間の前半、信長時代にスタートしたものでした。そして、とりもなおさず戦国の猛者《もさ》であった利休と弟子衆との人間関係・師弟関係の形成は、信長時代の賜物でした。

本書は、秀吉と利休との関係が形成される以前の信長時代が、利休の茶の湯改革にとって決定的であったということを述べようとするものです。加えて、信長麾下《きか》の武将たちは、利休の茶の湯にふれることで、荒々しい武将から茶人として成長し、近世の茶道史の礎《いしずえ》を築きます。

信長時代に形作られた利休の弟子衆たちは、多く信長の馬廻衆も務めた勇猛な武将たちで、本能寺の変の後の秀吉にとっても、その軍事力の中核をなす武将たちでしたから、秀吉にとっても利休の存在は、側近として大切な存在になっていったのです。そういう意味で、秀吉政権においては、利休は政治的な世界に深く関わることになっていきました。秀吉政権にとっては、信長時代の人たちが、後に政権に招かれた徳川家康を中心にして一つのグループを形成していきます。利休もまたその一人でした。

秀吉政権内部の権力闘争から、伊達政宗問題をきっかけにした利休の死までについては、拙著『利休の生涯と伊達政宗』（河原書店刊）で述べましたので、是非ご参照いただきたいと思います。ちなみに利休は秀吉に切腹を命じられましたが、その後の関ヶ原合戦では弟子衆の多くが東軍（家康側）についたのです。その陣容から利休の弔い合戦のような印象を私は受けています。利休の弟子衆は、その意味でも、近世の政治の動きや茶道史にも影響を与えているのです。茶の湯の「文化力」を実感するものです。

本書の刊行には、教育評論社様からのお勧めと、編集担当の清水恵氏のアドバイス、そして同じ方向を見据えて茶の湯の活動を助けてくれている茶友の方たち、そして東日本大震災以来、復興茶会をともに実行していただいている仙台茶好会の皆様の励ましがあったことを、感謝とともにここに記し、あとがきとしたいと思います。

令和三年四月　　生形貴重

主要参考文献

＊一部、本文中の註と重複するものもあるが、全体を通して参考にした主要文献を改めて示す。

生形貴重『茶心の背景：和歌と仏道』（河原書店、一九九六年）
生形貴重『利休の逸話と徒然草』（河原書店、二〇〇一年）
生形貴重『利休の生涯と伊達政宗』（河原書店、二〇一七年）
熊倉功夫『南方録を読む』（淡交社、一九八三年）
熊倉功夫　教養講座シリーズ47『千利休と茶の湯』（ぎょうせい、一九八五年）
熊倉功夫『現代語訳　南方録』（中央公論新社、二〇〇九年）
桑田忠親『利休の書簡』（河原書店、一九六一年）
桑田忠親『太閤の手紙』（講談社学術文庫）（講談社、二〇〇六年）
桑田忠親著、小和田哲夫監修『千利休』（宮帯出版社、二〇一一年）
桑田忠親編『茶道名言辞典』（東京堂出版、一九八一年）
小松茂美『利休の手紙』（小学館、一九八五年）
小松茂美『利休の死』（中央公論社、一九八八年）
杉本捷雄『千利休とその周辺』（改訂版）（淡交社、一九八七年）
千宗員『近世前期における茶の湯の研究：表千家を中心として』（河原書店、二〇一三年）

千宗左編『表千家』（角川書店、一九六五年）
千宗左・千宗室・千宗守監修『新修茶道全集』全9巻（創元社・春秋社、一九五一年）
千宗左・千宗室・千宗守監修『利休大事典』（淡交社、一九八九年）
千宗室ほか編『茶道古典全集』全12巻（淡交新社、一九五七〜一九六一年）
茶の湯文化学会編『講座日本茶の湯全史 第1巻（中世）』（思文閣出版、二〇一三年）
筒井紘一『利休茶話』（学習研究社、一九八九年）
豊田武『堺：商人の進出と都市の自由』（日本歴史新書）（至文堂、一九五七年）
中村昌生『茶の建築（日本の美と教養）』（河原書店、一九六八年）
中村昌生編『数寄屋古典集成』全5巻（小学館、一九八八年）
西ヶ谷恭弘『考証織田信長事典』（東京堂出版、二〇〇〇年）
芳賀幸四郎『千利休』（人物叢書）（吉川弘文館、一九六三年）
林屋辰三郎著、村井康彦解説『図録茶道史：風流の成立・利休の道統』（淡交社、一九八〇年）
不審菴文庫編、表千家監修『茶の湯　こころと美』（河原書店、二〇〇八年）
村井康彦『千利休』（ＮＨＫブックス）（日本放送出版協会、一九七七年）

や行

ら行

わ行

た行

な行

は行

ま行

【事　項】

索　　引

・本索引は、「人名」「事項」に分けて掲載した。
・頻出する「千利休（宗易）」は採録していない。
・複数の表現で同一内容が表される場合は、一つの項目に代表させてあげ、（　）で表現の異同あるいは項目内容の異同を示した。

【人　名】

〈著者略歴〉
生形貴重（うぶかた・たかしげ）
1949年、大阪の表千家の茶家・生形朝宗庵に生まれる。1976年、同志社大学大学院文学研究科国文学専攻（修士課程）修了。1986年、『四部合戦状本平家物語』研究で第12回日本古典文学会賞共同受賞。2002年、『利休の逸話と徒然草』の功績で第12回茶道文化学術奨励賞を受賞。2018年『利休の生涯と伊達政宗』の功績で茶道文化学術賞を受賞。専門は、中世日本文学、茶道文化論。千里金蘭大学名誉教授。著書に、『千利休の生涯と伊達政宗』、『元伯宗旦　侘び茶の復興』（どちらも河原書店）など。

利休と信長
茶の湯でつづる戦国記

二〇二一年六月二十二日　初版第一刷発行

著　者　生形貴重
発行者　阿部黄瀬
発行所　株式会社　教育評論社
〒一〇三−〇〇〇一
東京都中央区日本橋小伝馬町1−5
PMO日本橋江戸通
TEL 〇三−三六六四−五八五一
FAX 〇三−三六六四−五八一六
https://www.kyohyo.co.jp

印刷製本　萩原印刷株式会社

定価はカバーに表示してあります。
落丁本・乱丁本はお取り替え致します。

ISBN 978-4-86624-041-1